JN410721

시산맥
김종석
세 번째 시집
비 내리면 슬픈 날
바람 불면 아픈 날

김종석 세 번째 시집

비 내리면 슬픈 날
바람 불면 아픈 날

초판 인쇄 | 2017년 5월 01일
초판 발행 | 2017년 5월 15일

지은이 | 김종석
펴낸곳 | 시산맥사

펴 낸 이 | 문정영
등록일자 | 2009년 4월 15일
편집주간 | 김광기
편집위원 | 안차애 정재분 전해수
주　　소 | 03131 서울특별시 종로구 율곡로 6길 36.
월드오피스텔 1102호
전　　화 | 02-764-8722, 010-8894-8722
전자우편 | poemmtss@hanmail.net
카　　페 | http://cafe.daum.net/poemmtss

ISBN : 978-89-98133-82-5

값 20,000원

■ 이 책은 전부 또는 일부 내용을 재사용하려면 반드시 저작권자와 시산맥사의 동의를 받아야 합니다.

■ 이 도서의 국립중앙도서관 출판시도서목록(CIP)은 서지정보유통지원시스템 홈페이지(http://seoji.nl.go.kr)와 국가자료공동목록시스템(http://www.nl.go.kr/kolisnet)에서 이용하실 수 있습니다.

비 내리면 슬픈 날
바람 불면 아픈 날

김종석

Shin jae jin

■ 시인의 말

모든 것이 허무이거나 슬픔도 아픔도 아닌 것들
사는 날, 어쩌다 사람끼리 어깨가 부딪치듯이
그렇게 스치며 지내야 하는 것
그 아무 감정 없이 감각 없이 살아갈 수 없듯
모든 것에 슬픔 있어도 아픔 있어도 감각적이어도
그것은 살아 있음을 얘기하는 것 아닐까 생각합니다
세상 살면서 원하는 것만 쥐고 살 수 있는 법이 있거나
그렇게 살 수 있다면 그것은 이 세상에 없는 것
그러나 아픔이든 슬픔이든 기쁜 감정이든
사람의 개성이 다르듯, 느낌 또한 다르게 오지만
커다란 눈과 귀를 갖고 있지 않아도 구분될 수 있음을
침묵을 즐기거나 경기장 관중과 함께하면
잠시 내 것도 내려놓는 순간이 있을 수 있듯이
표현하고 싶은 동작을 마음껏 펼칠 수 있는 것도 삶의 일부분
아픔도 슬픔도 영원하지 못하여 기쁨도 즐거움도
순간순간 지나치고 그렇게 사는 것이 삶이라면
너무 단순한 걸까, 사는 것은 몸, 생각, 개성이 함께하는 것
그렇게 얘기해도 단순한 걸까?
물을 것도 대답할 것도 살면서 이루어지듯
슬픔도 아픔도 그렇게 다가오다 모두 사라지는 것.

2017년 3월 김종석

: CONTENTS

제1부 해빙기의 MEMO

제2부 비 내리면 슬픈 날, 바람 불면 아픈 날

1 부

해빙기의 memo

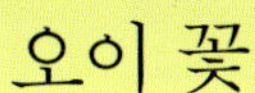

오이 꽃

오이 꽃이 줄기에서 떨어지더군
떨어진 꼭지에서 내뿜던 오이 향
잎들에 가려져
지나치던 노랗고 작은 꽃잎
주름진 얼굴 사나운 입씨름
할매 베 적삼에 젖어 있던 오이 향
할배, 풀밭에 앉아 하늘 보시는지요
밥은 오이 무침 하나면 되었는데
그날 오이 향 풍기며
오이 꽃 울던 밤.

촛불

나는 검은 죄수다 그리고 사형수이기도 하지
빛처럼 보이는 밝은 것만 쫓다 나를 망쳤어
차가운 불빛도 열이 강했지, 태양처럼 말이야
흔적을 남기지 말았어야 푸른 하늘 볼 것을
어둠 속을 헤매다 보니 앞을 보지 못하고
반딧불이라도 잡아 호박꽃에 넣어야 하는데
세상 모든 것에게 뒤집어씌우려 했지만
내 몸에서 나는 악취를 깜박했었어
쉿물을 마시고 하늘을 보면 너울너울 몇 자락
구름 되어 찢기며 흘러갈까, 어둠 속을 헤매다가
기적처럼 제 몸 다 태워 가는 촛불을 보았지
움직이는 눈동자에도 꺼질 것 같았지만
두 손으로 감싸고 흐름을 멈추어가던
내 몸의 핏줄들이
깊은 잠 속에서 나를 가두고 흘러
녹아 있던 촛농까지 태우고
마지막 심지까지 타버렸는지 티끌 하나 없이 사라졌더군
마음의 어둠이 가시고 봄바람처럼 향기가 신선했지
무릎 꿇고 기도할 때 통곡소리는 끝맺음을 모르고.

하얀 눈이 내리면

하얀 눈이 내리면
어디로 가시는지요
겨울이 오면 떠나는 당신
이젠 그 모습 보이지 마세요

당신이 떠나면 외로워서
말하지 않아도 알겠어요
유난히 하얀 치마 소녀를
그토록 보고 싶었음을 알았어요

꽃이 피면 하얀 장미 옆에서
오랜 시간 머물며
하얀 꽃을 좋아하는 이유도
저는 알았어요,
하연 눈을 보고 알았어요

하얀 눈 내리는 날이면
하얀 발자국 주인이 누군지
말하지 않아도, 눈이 내리면
온 집안 하얗게 될 거예요.

해빙기의 MEMO

해빙기는 지났다 차가운 내 가슴 남기고
커피를 들고 창문을 바라본다
적당히 식은 커피, 가슴 쓸어 내리고
누군가 떠난 듯 허전한 마음
창문에 더 다가서서 아예 몸을 기댄다
창문 밖은 그대로 있지 않았다
커피는 세월처럼 빠르게 식어가고

창문 옆 소품 파란 의자에 앉아
나의 계절은 녹을 것 같지 않은데
창문에 보일 듯 누군가 검게 늙어간다
지나치는 날들 발걸음 무겁다
조용히 파란 의자에 앉아본다,
녹아 내리는 눈물.

안개 속에서 일합니다

도둑놈들이지요 음지에서 일합니다
빈 몸으로 들어와 빈 몸으로 나갑니다
이상한 도둑놈이군요
누구도 보지 않아
가는 모습 무척 지쳐 보입니다
무엇이든 먹고 일을 해야지!
그 힘으로 먹고 나 살겠니

도둑놈은 집 하나만 골라 들랑거리는데
들키지도 않습니다, 물방울 다이아몬드!
그저 만지고만 나옵니다

오늘은 무얼 먹고 왔는지
힘차게 도망갑니다 뒤를 힐끔거리다
누군가와 부딪치는 소리
동료와 부딪치고 둘이서 히죽 웃습니다
빈 손인 도둑놈들이 어둠 속에서

속삭이듯 얘기 나누는데 경찰이 지나가자
의젓하게 손을 올려 인사합니다

둘이서 히죽히죽, 밤 안개 속으로 사라집니다.

생각하며

슬픈 나야 어디를 가서
누구를 만나야
슬프지 않단 말이냐
봄이 왔는데
몸은 차갑고
누구에게 몸 따뜻하게
해 주길 바랄까

눈물은 눈가에서
쏟아 내지도 못하고
터져버릴 것 같은데
아무것 할 수 없는 날이
오늘이길 바라며
또 슬픔이 찾아오거든
눈물도 함께 오겠지

뉴욕의 밤

저 외계인들의 불빛
디제이는 환각에 들떠
춤을 추며 노래한다
술과 음악과 귀청 하나쯤
잘라낸 다음 일어서는 밤
자가용 비행기 소유자들
주말이면 무희들의 안무에 취하고

휘황찬란한 샴페인 터트리며
남은 현금은 새벽녘에
브로드웨이에 뿌린다
이륙하는 비행기에서
뿌려지는 전단지 같은 것에
몰려가는 사람들
외계인들에게 점령당해
두 손 들고 서 있는 뉴욕의 밤.

생각

따뜻한 여인의 가슴속에 내 마음을 푹 담그고 싶다
아무 생각이 나지 않을 때까지
그리고 새로운 생각이 떠오를 때까지
여인은 두 손으로 내 상체를 감싸며 그녀의 체온을
나에게 전해줄 것이다

푸근한 젖가슴의 감촉이 내 마음을 휘감을 때
잠시 안락함을 누리고, 새로운 생각을 하기 위하여
그녀의 젖비린내 나는 가슴을 조용히 밀칠 것이다
그때 나도 새로운 생각을 시작할 것이다

푸근한 가슴을 내어준 여인에게 감사하고
조금 더 머물고 싶지만 일부러 가슴을 밀치고
지쳐 있던 망각의 세계가 아닌 새싹 돋음처럼
나는 새로운 생각을 할 것이다

영혼이라는 것이 내 주위를 맴돌고 있는 한
생각은 거기서 벗어날 수 없을 것이다
나는 거기에 계속 머물러 있을 것이고
벗어날 수 없음을 깨달을 것이다.

언어의 침묵

무슨 하고 싶은 말이
그리도 많은지
그들의 삶이 남보다
더 길었던 것도 아닌데
침묵으로 쓴 말들은
모두가 있음직한 일상들

말은 쏟아져 나오고
자기 삶에 대해
오래전 얘기가 끝났을 것을
미래에 대한 것들도
그다지 다르진 않을 터

하고 싶은 말들 차마 다할 수 없어
땅 위를 걷고 있을까
모든 것 기억할 수 없고
원하는 기억을 살려 내어도
어차피 불에 태우지도 못하는
침묵으로 보내버린 지난날들.

사랑하는 마음

진정으로 사랑하는
마음이 생길 때
나는 어깨를 펴고
거리로 미친놈처럼
미소 지으며
길을 걸었습니다
내가 사랑하는
사람이 있었기 때문입니다

이 세상 모든 것이
환희에 젖은 천사의
모습으로 보이고
사랑하는 사람은
나의 천사였습니다
사랑하는 마음은
언제든지 당신
마음속에 있습니다

공간을 헤치며

공간을 헤치며 지나는 파열음
거울 속 내 얼굴에 유리가 내려앉았다
나사가 들어가지 않아 적당히 걸어놓고
그 밑에 카펫 한 조각 받혀 두었다.
검어가는 내 얼굴을 너무 가까이 대었다
내 얼굴부터 휴지통에 던졌다

작은 것들은 아무것도 볼 수 없었다
얼굴에서 땀이 새어 나오고
젖은 수건으로 닦아 휴지통에 넣었다
내려앉지 못하게 유리를 달았다
내 몸 상체도 하체도 보일 듯했다
내 얼굴은 더욱 검푸르게 변해 있었다
우중충한 옷이 얼굴 색과 어울렸다.

물방울

물 한 방울이 내가 쓰고자 했던 노트 윗부분을 정확히 맞힌다
펜을 옆으로 옮기자 떨어지는 물방울 하나 더
세 번째 물방울이 노려보고 있던 노트 위에
탄환소리처럼 가슴을 찢는다
그제야 내가 쓰고자 했던 글귀가
아스라이 기억 속으로 더듬어 온다
네 번째 물방울은 노트 가장자리를 적시고
난 조용히 노트를 접고 창가에서 밖을 내려다본다
소낙비 그래, 소리 없는 소나기가 온 세상을 적시고 있다
순간 몸은 밖으로 뛰쳐나가고 있었지만
내 시선은 천장의 노란 부분을 정확히 명중한다
노랗게 물들어 있는 천장 가장자리에서
물방울이 쉬지 않고 밑으로, 밑으로
내가 움직이는 몸과 생각은 흩어져 분산되고
고지 위에서 소나기를 맞으며 명령을 기다리는 병사와도 같이
나는 이미 자신을 후회할 시간을 잃고
전투복에 철모를 쓰고 무거운 소총을 들고 고지 위로 뛰고 있다
병사들의 땀 냄새가 여기까지 풍겨온다
병사들의 움직임이 없는 모습에 침묵하고
숨을 쉬어야 하나 말아야 하나
나는 할 수 있는 데까지 했다고 생각하는 순간

소나기는 멎고 더 이상 지쳐 있는 육신을 감당 못해
그 순간 떨어지는 물방울 하나
나는 여기서 1950년을 마감한다.

꽃잎 말라가고

계절이 뒤바뀌면
뒤바뀐 채로 있을 것을
꽃잎 말라가는데
가는 계절 오는 계절
그대로 두구려

말라가는 꽃잎
모든 것 우리 뜻대로
되지 않는 것을
노을 그대로 인 것을,
이별인 것을

애타게 사무쳐도
그저 몸부림일 뿐
사랑 한 잎 말라가면
다음 해엔 푸르고
빠알간 꽃
빛 바랜 나의 생각
석양 바라보네
꽃잎 마르지 않도록
보내지 않으렵니다.

꽃의 미소

피곤한 눈가에 향기 꽃 한 잎
가느다란 세포 속 향기로 채우고
피곤하여 잠들고 싶은 마음
세상에서 벗어나
빛이 없는 곳 아주 깊숙이
향기 짙은 꽃잎 하나
게슴츠레한 눈에 걸터앉아
맡아보지 못한 향기
알고 싶은 향기
긴장 풀린 허무한 피로함
낡은 침대 곁에
몇 년째 정든 엷은 치마 같은 이불
침대 위에 쓰러지는 몸
떠나오며 이름 모를 작은 한 송이 꽃
그녀의 가슴 언저리에
거부하는 여린 손 제치고 꽂아주었을 뿐.
푸른 바다처럼 넓은 하늘을 바라보며 젖은 그리움
꽃, 피곤한 몸 눈 감게 할 수 없겠니
내 눈에서 떠나고
깊은 잠 속
죽음처럼 피곤한 몸 잠들게
그 향기 만들어줄 수 없겠니.

소녀에게 (유혹)

소녀여! 아름다운 소녀여!
똑같은 정원을 방황하는가!
똑같은 꽃을 보며 배회하는 모습이
친구가 되어 주고 싶기도 하오
대화도 함께 미소도 함께하고 싶소

밤이 오면 반짝이는 별을 바라보며
긴 사색을 할 것 같은 생각이 드오
늦은 밤이면 편지와 시도 쓸 것 같소
소녀여! 조금만 밝은 모습하면
멋진 남자 친구도 생길 것이오
즐거운 날이 소녀를 위하여
기다리고 있을 것이오
내가 소녀를 위해 모든 걸 건네리다
소녀여! 나와 함께 공원을 걸읍시다.

목마른 강

목마른 강에 도시가 흐른다
야생화들이 바람에 향기를 날리운다
밤이 오면 무지개다리들이 들어서고
속삭이는 꽃들의 고운 얘기들을 듣는다
강이 있는 도시들은 사람들이 있기 전
동물들의 목마름이 강가에 펼쳐져 있었을 것이다
무지개다리 양쪽 네 개의 하얀 천사들과
금빛 육중한 남성 상들이 근육을 자랑한다

강은 사랑에 목말라 있는 사람을 태우고
별들의 연주회를 빛으로 듣는다
목마른 강은 여러 나라를 거치며 흐르다
그 나라 사람들이 채워주는 백포도주 강도 된다
강에서 태어나 옆 도시에서 살다 별이 된다
사람들도 화려한 밤의 도시를 바라보다
달빛 밝은 날에는 달빛을 밟고 도시로 간다
빛이 잠시 엎드리고 은빛 노랫소리 들리면
새로운 날이 저만치서 오는 것을 알리는 것이다

폭포의 비극

오— 저런 이렇게 아름다운 폭포가 있었다니!
언제부터 이런 곳이 있었던고…..
사람들 무척 좋아하겠구나,
예— 영감님 1년이면 25명 정도가…..
겨우 스물 다섯 명이야? 씁쓸하구먼,
백 명 정도는 되어야 폭포 값을 하지!
네?— 영감님 사람 생각이 다르고 가끔 살아나기도 해서…..
시내에 있는 다리에서 뛰어내린답니다
아니— 이 아름다운 곳을 두고서
다리에서 뛰어내린다니 우습구먼,
마지막은 아름답게 장식해야지

그렇게 생각하지 않나 자네는!
네— 저도 그렇게 생각하고 싶습니다…..
다리 밑은 쓰레기가 있는 곳 아닌가?
네— 영감님 그리하지요 매우 더럽습니다
저 우렁찬 소리를 들어 봐요, 용기가 솟지 않나?
우리들을 부르고 있는 유혹의 소리 같구먼,
당장 뛰어 내리고 싶은 충동이 가슴을 뜨겁게 하는구나!
우리는 해야 할 일이 너무 많이 밀려 있지 않은가?
네— 영감님 할 일이 너무 많습니다

꽃의 형상

우리들의 만남은
헤어짐도 아니에요

만날 순 없잖아요
가슴끼리 부딪치게

마음끼리 부딪치게
몸에 있는 꽃처럼

붉은 피들이 죽던
마르던 똑 같잖아요

우린 사랑의 감정이
영원할 줄 알았지요

꽃이 시들고 말라도
꽃일 줄 알았지요

사랑처럼
형상만 걸렸잖아요.

나무꾼

어이 - 전번에 열려 있던
무덤을 지나가볼까
그러지 뭐
오메 - 오늘도 그대로 있네
우리가 덮어줘야겠구먼
여보시게 무덤에 문 닫으면
내가 어떻게 들어갈까?
당신이 무덤 임자요?
밖이 시끄러워 나와 봤더니
산천이 변한다 어쩐다 하더니만
전부 거짓말쟁이 아녀?
봄이 왔다기에 나왔더니
추워서 도로 들어가야 되겠어!
알아서 하시오 그럼 푹 쉬세요
사람들 거짓말도 진짜같이 하구먼.

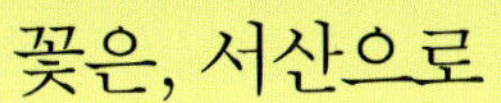

꽃은, 서산으로

꽃처럼 붉은 석양, 희미해지고
다가오는 짙은 안개
열린 날, 찾는 출구
어둠은 안개 속에 머물고
꽃은 어둠 속에 빛나네

그림자 사라진 안개들
노래도, 속삭임도
들을 수 없는 사람
꽃처럼 붉은 석양
바다 속으로 들어가네
내일은 희망처럼 올 거야.

언어의 향기

말이 막히면
늦가을 오후 소리를 듣고
새 한 마리 상처 입었을까

나무 끝에서 움직이지 않네

향기롭지 못한 언어가
사람들 입에 오르내리고
태풍이 불고 겨울이 와도
말의 향기는 바뀌지 않네

언어의 계절도 눈비 맞아
거친 언어들
이제는 성숙해지거나
차라리 침묵하면 좋겠네.

바다를 보지 못했다

마지막 고국 방문했을 때
바다로 가고 싶었다
우중충한 나의 세계를
바다에게 쏟고 싶었다

역시 사람의 말이 그리웠을까
인파 속을 헤집으며
말에 귀 기울여 보았다

누가 무어라 얘기하던
그들의 듣고 싶은 말
어느 도시는 이국적이기도 했다

유년과 소년시절을 빼면
내가 고국에 머물렀던 날들은
잠깐 사랑할 수 있었던 날들과
그리움에 온통 뭉친 날 뿐이다.

바다는 지금도 거대하게 움직일 것이다.
바다에 갔으나 바다를 보지 못하고 왔다.

종말의 종소리

풀잎 푸른 들판에 누워 종말의 종소리는 울리는데
두 연인의 얘기가 가리웠나, 종소리 울리는 교회가 멀었구나
노틀담 사원은 사람들이 오가고
종소리는 일요일이어서 울리는 줄 그 누가 모를까
종말을 알리는 종소리는 그 누가 알 수 있을까

"쎈" 강변 연인들은 오랜만에 비추는 햇살에
살을 태우려 옷 벗기 시작하고
강을 오가는 유람선엔 대낮부터 혀 꾸부러진 소리 오가는데
유람선이 사원을 지날 땐 사람들은 선실로 들어가네
종말이란 숫자로는 셀 수 없이 많아 사람 숫자만큼 많아
사람들은 자기와 상관 없으면 들으려고 하지 않았지

누구에게나 종말은 오는 것 얼마만큼 인 줄 모르지만
쎈 강변에 누워 있는 부드럽고 하얀 살결의 여인들은
오가는 유람 선상의 취한 안주감도 되고 말초 신경
건드는 큰 소년들의 휘파람 소리에도 사라져 버린 감성들
엎드려 있던 여인 하나 몸을 뒤바꾸니 하얀 젖 무덤이

눈을 감아 버려 갑자기 어둠 속을 헤매는 검은 눈동자
파란 눈동자 알 수 없는 눈동자 휘파람 불던 큰 소년

강물을 뛰어 들고 강변으로 달려가네
여인 옆에 다가가 옷을 벗어 던지고 엎드리면서
작아지는 바람소리 종소리는 멈추고
찬송가의 거룩함이 강변으로 번져가네.

날개 잃은 장미 꽃

구슬처럼 맑은 아침
빨간 장미 빨간 나비 되어
힘차게 날아 오른다
무지개 펼쳐진 곳에 잠시 쉬었다
오므렸던 장미 잎 사이로 빠져 나오다
잃어버린 한 쪽 날개 상처가 심했나 보다
이슬이 너무 젖었겠지

유난히 빨간색 태양이 빛나고
이슬 말라갈 무렵 되돌아오는데
수 많은 색들의 나비들 뒤따라오네

날개 잃은 빨간 나비 활짝 핀
장미 속으로 숨어 들고 주위 맴도는
나비들 온갖 색으로 아침 만든다.

행복의 숨소리

어둠 속에 피어 있는 꽃 한 송이
한 송이만 피었어도
어둠 속에서 빛을 노래합니다
꽃은 어둠을 밀어 내며
동굴 속에는 보이지 않는 생명들이 있어서
이리저리 부딪쳐 상처가 많아도
그들은 슬픔이 무언지 모르는 척

칙칙하게 흐르는 검은 물소리
보이지 않는 미소들이 함께하며
언젠가 무너질 어둠을 꿈꾸어 보다
한줌의 빛만 비추어도 행복인데
어둠 속에서도 행복의 파편들처럼
희망을 잃지 않고 살아갑니다
커다란 숨소리가 행복입니다.

장미의 외출

젊은이 한 쌍이 내 주위를 맴돈다
나는 최대한 꽃잎을 펼치고
사내가 내 꽃잎에 코를 대더니
손은 내 줄기를 더듬는다

상처를 입은 사내는
눈빛이 강해지더니
흐르는 작은 핏물을 살짝 본다
내가 모두 마셨으니
적은 양일 것이다

아가씨가 손톱깎이를 들이민다
사내는 섬세도 하지 손톱깎이로
가지 몇 개를 잘라내고 줄기까지 침범한다

그들은 나를 들고 어디론가
빠른 걸음으로 가고 있다
장미여관
장미 없이는 출입이 안 된다는 그 여관
나는 꽃잎들에게 날개를 펴고 날아가라고 속삭인다

〈

두 젊은이가 우리를 앞세우고
망설임 없이 입구에 다가서는 순간
우리는 모두 빨간 나비가 되어 외출이 시작된다
한 잎도 없이 모두 다 함께 하늘로 사라져간다.

촛불 스러지던 밤

오늘도 어제처럼 지낸다.
해가 서산에 있을 무렵

밤이면 산장 같은 외딴집
촛불 하나 켜니 고즈넉한 방

빛이 있어 진열된 책 제목들 대강 훑어본다
유난히 촛불이 빨리 타버린다
가느다란 촛불 하나 불을 붙인다

은은한 실내 그리고 음악
가녀린 초가 바람에 쓰러진다

그래도 빛이 있어,
누군가 소리 없이 방문을 열어 젖힌다

장미 같은 향기 슬며시 방 안에 퍼지고
나는 촛불을 일으켜 세운다

어느 여인이 촛불만큼 보인다
촛불은 침묵보다 더 어두워지고

〈

아무렇게나 방바닥에 주저앉은 여인
남아 있는 빛으로 방 안은 어두워지고
너무 많이 노출되었는지
어두워질수록 그녀의 하얀 살결이 빛난다.

우는 여자

우는 여자를 찾습니다
우는 남자가 찾습니다
안개 속에서 비밀스럽게 만나고 싶다네
펑펑 우는 여자가 아닙니다
눈물만 젖어 있으면 됩니다
당신이 눈물이 있다면 꼭 나를 찾아 주었으면 한다네
슬퍼서 울지 않아도 됩니다
기쁨의 눈물이어도 상관 없습니다
우는 여자는 나 있는 곳을 알고 있을 것이네
내가 누군지도 안다네
나에게 오면서 내 눈을 보고 오면 좋겠네
안개가 가려서 여자가 누구든 상관이 없고
내가 울고 있을 거라네
당신을 만날 수 있었으므로 기쁨의 눈물을 흘릴 것 같네
새들의 노래는 안개 속에 있고
보이지는 않아도 날갯짓 소리는 아스라이 들린다네
나는 여자에게 감사의 말을 전하고
여기가 정원인 줄 여자도 알고 있네
여자여! 보이지 않는 여자여!
당신 눈이 젖어 있음을 느낀다네

여자여 나에게 눈물을 조금만 나눠주기를 부탁하네
보고 싶은 아이 하나 있어,
울지 않고는 살 수 없다고 얘기했다네
안개 속 작은 나무들이 보고 싶은 아이처럼 생각되네
내 눈이 젖어오네 아이가 달려 오네 아이가 내 목을 껴안네
고마운 여자여, 안개가 걷히기 전 반대 방향을 걷고 있네.

낙엽이여! 꽃보다 아름다운…

그 해 가을 그녀의 색으로 물 들인 그대들
태양에게 감사할 건 하고
꿈을 피운 것들은 이 세상에 얼마나 될까
붉은 색으로 떠오르기도 하네
소녀의 손에는 은행잎 노랗게 책갈피에 넣어
몇 해 꿈 이루고
올해는 좀 짙은 색으로 그녀 얼굴 홍조만큼
끼워 넣으면 수년 후 그때 그 시절
낙엽 숲으로 조심이 들어가 하늘 바라본다
여유로운 구름처럼 작은 새 그 시절
힘차게 낙엽 사이를 뭉개며 지나갔지
사랑을 온전히 그려낸 아름다움이여!
내 마음 지울 수 없는 소녀의 꿈이어라.

2부

비 내리면 슬픈 날, 바람 불면 아픈 날

나는, 내 소리를 읽었네

나는, 내 소리를 읽었네
시간 오랫동안 지나고
귀를 열고 소리를 듣기 위해서
들추기도 힘든 몸을 이끄네
누군가 손 잡고 길을 안내하고

삭풍이 불어오네
거기에는 낯익은 소리가 섞여 있네

내가 소리를 잃기 전
소리를 내었을 낯익은 그 소리
바람은 소리를 찾아
내 앞을 스치네

놓치고 싶지 않은 그 소리
나의 목소리
바람은 어디서 내 소리를 찾았을까
나는 바람이 오는 방향에서 발 떼지 못하네
내 소리를 듣기 위해.

그날을 위하여

지나버린 날들을 위하여
맑은 머리를 하고 싶어

모든 꽃마다
다른 향기 품어내는 내일이 오면
오늘과 다른 모습을 보이고 싶은데

변해 가는 건 계절뿐
생각은 그대로이고

내가 좋아하는 계절이 오면 그들과 함께
내 생애 가장 아름다운 날 만들고 싶은데

이젠 꾸며 낼 수도 없는
그대로 하루만 살고 싶다

어느 날 밤 하나

낡은 막걸리 집 창문은 오른쪽으로 밀든지 당기면 된다
도르래가 너무 녹슬어 매번 취한 비틀거림
그래도 우리가 가면 잘도 열린다
장발 단속이 심해 어둠 짙어 오면 동네 구석진 가게
명태 찌개와 홍어회가 생각만해도 얼큰한 곳
무거운 막걸리 잔 누군가는 자기라고 불렀다
웃으며 들어왔다 울면서 나가야 했지
한 녀석은 술 입에 대지 못하면서 하는 말
저 녀석 술 마실 때 앞머리 술잔으로 쏟아지는 것 받혀 주기 위하여…..
눈 감은 채 한 번에 마시는 것 봐라 하고 술잔 입에 대면
민첩하게 녀석의 두 손 내 앞머리 위로 올려 주는데
숨이 차도 천천히 한 입에 다 마신다 빠른 속도로 눈은 밝아오고
매운 고추 제일 먼저 올라와 얼마나 맵던지
내가 바라보면 그들도 당당히 고추를 연거푸 씹어대며
두툼한 목소리 컬컬하게 마시지 않으면 견딜 수 없었지
붉은 홍어 무침 뜨겁게 따라오는 명태 찌개
숟가락 젓가락 소리 분주하다 못해 무심히 바라본다
통쾌한 웃음 소리, 눈물 소리
우리는 그렇게 밤을 끌어 안고 애원해도 들려오는 사이렌소리
골목 사이사이 흩어졌다 자취방에서 다시 만난
우리는 찌그러진 노란 주전자 하나씩 들고 서 있다.

안개꽃 그림자

안개꽃 필 때면
안개꽃 향기 몸속으로 파고들며
엊그제 상여 부여잡고 슬픔 대신
헛기침 한번 하면 안개 길 열리고
마른 눈물로 울어 대던 사람들

기적 소리 재촉하는 소리
뒤 발꿈치 나의 그림자

어머니, 아버님
평상 펴 드리고
아침 안개 많으면 날씨 매우 좋은 날
오늘은 돼지고기 두어 근 사다
숯불 피워 재워지면 구워드리리다
술은 탁배기가 몸에 좋지요.

풀잎 신발

풀잎 신발을 신고 봄을 걷습니다
여인네들은 우물가로 몰려들고
검은 고무신을 신은 총각이
물지게를 지고 우물가로 갑니다
거의 밤색 얼굴을 한 총각이
풀잎 신발을 보고 놀랍니다
총각이 사라지자

여인네들은 총각 얘기로 꽃을 피웁니다

풀잎 신발을 만들지 못하는 모양이야!
저 총각이 못하는 게 있는가?
얘기하며 폭소를 터트립니다
다음날 새벽 총각이
커다란 풀잎 신을 들고 나옵니다
그런데 간밤에 누군가
풀잎 신발을 갖다 놓았습니다
누군가 갖다 놓은 풀잎 신발에서
하얀 꽃이 피어 있습니다
안개꽃처럼 꽃잎이 피어 있습니다.
아침 해가 총각의 가슴을 비춥니다.

열차 정거장에서

가슴이 떨려 옵니다
그녀가 먼저 얘기하기를
기다렸을 뿐입니다.
가슴이 떨립니다
혼자 떠날 땐 항상 그녀는
나에게 미소를 남기고 떠났지요

누군가 떠나면 되돌아올 것
같지 않아 슬픕니다
열차가 떠나고 보이지 않을
때까지 서 있었습니다

올 때는 이 자리에서
내리기 때문이지요
열차도 소리 없이
그렇게 미끄러져 갔습니다.
또다시 미끄러져 오겠지요.

책상을 떠나 바다로 갔다

긴 머리 뒤로 자주 넘기며
화장하고 밖으로 나가 산책하자
누군가 날 부르는 소리 들었어
낡은 나의 책상에서 멀어져
이젠 어디론가 떠나야 해
유혹이 불쑥 날개를 펴는구나

소년의 품속에서 꿈을 꾸고 싶다.
구겨진 책상의 미련을 버리자.
이 자유로운 곳에서 파도소리 듣는다
횟집에 들러 매운 매운탕을
얼굴이 빨개지도록 먹는다
뻥 뚫린 가슴을 밥상 위에 놓고
긴 머리 날리며 세상을 날아보자.

비 내리면 슬픈 날, 바람 불면 아픈 날 1

아저씨의 숨소리가 거친 산을 오르듯 헝클어져 간다
오늘은 비 내리는 날,
그의 코트가 매우 낡아 보인다
비를 피해 처마 밑에서 두 손 호주머니에 넣는다
자동차가 지나면서, 슬픔의 파편들
연탄 배달부는 비보다 더 큰 땀을 흘리며!
언덕을 오른다
그 모습 바라보던 그는
허리 굽히고 함께 밀어 올린다
빗소리가 플라스틱 덮개에 튀어 오른다

그는 생각보다 몹시 지친 표정으로
두리번거린다
생맥주 간판에 불빛 희미하게 켜지고
두꺼운 맥주잔을 누군가 벌컥이고 있다
그는 서 있던 몸을 가눌 수 없었던지
둥근 의자에 조용히 앉는다
밤거리 불빛이 여기저기 꽃 피듯 켜지고
그가 가는 방향을 뒤따른다.
몹시 아픈 듯 사람들에게 길을 내주며,

초라한 집 바깥 계단을 서서히 오른다.

작은 슈퍼에서 이것저것 봉지에 담는다
방문 앞, 어둠이 세상을 덮고
그 이후 그의 모습을 볼 수 없었다.

비 내리면 슬픈 날, 바람 불면 아픈 날 2

처마 밑 내리는 비를 보니
누군가 보고 싶은 사람도
한탄할 무엇도 없었고
사랑을 생각하기엔, 어정쩡한 지난날

짙푸른 대나무 숲에 비가 내리치면
두툼한 이불 속에서 꿈틀거리며
외할머니 곁에 눕는다, 그리운 눈동자
며칠 전 지나치던 상여 끝에 머문다
바람 불면 한쪽으로 부서져 내릴 것 같고
슬픔으로 뒤따르던 가족들 목 쉬어 가는데
모든 것들은 지나고 지금은 '화장 중'

때로는 소생하는 피에 적신 아이 겨울에 버려져도
나는 아무것도 탓할 수 없는 사람
가시발 메마른 가운데 던져져 핏물로 목을 축인다
나는 살아나 그들에게 믿음처럼 맡겨졌어도
칼끝에 서리는 찬바람이 일렁거렸다
겨울에 비추이는 빛처럼 날카로웠다.

산 오르기

떠나는 것 모두 슬프게 생각됩니다
대신 누군가 와 주었으면 합니다
슬프더라도 기다립니다

막연히 기다리는 내 가슴은
어디론가 떠났는데
무엇 찾으러 갔을까

오늘은 거친 산을 오르려 합니다
거기에 무언가 있을 듯하여
산에 오르면 바다가 보입니다
내 고향 같기도 하고
푸른 바다입니다

바다처럼 떠나지 않는 사람 찾아
가을날 타오르는 붉은 낙엽처럼
슬픔은 이별이야! 산 정상에서
커다랗게 외치고 싶습니다.

길

두리번거리며 창백한 눈동자
누군가 거칠게 지나쳐도
낯익은 거리였는데
밤이 곁에 와도
발걸음 움직이지 못하고
허물어진 집터 아스팔트 깔린 길
사방을 보아도 낯선 거리
낯선 사람들
헝클어져 버린 방향
밤은 더 가까이 다가오는데
더듬어 봐도 나타나지 않는
어둠은 길을 메우고
바위처럼 굳어버린 몸
새롭게 기억하여 익혀야 하는
자주 두리번거리다 보면
조금씩 익어가는 길이 있다.

하얀 신부

발걸음 가벼워 소리 가볍네
새하얀 생각, 꿈같은 걸음걸이
웨딩드레스 날개 되어 날아볼까
소년에게 말할까
그리움, 뜨거운 내 가슴

드레스가 걸려 신부는 넘어지고
눈 더미 속으로 쓰러진 눈물
눈밭에 잠깐 누워 볼까?
허리끈을 풀어 헤치며
젖은 속옷 모조리 벗어 던지고
웨딩드레스만 입어도 하얀 신부.

안개꽃 바다

바다가 안개에 덮여 고요하듯
잔잔한 파도의 움직임
떠오르는 태양이 안개를 걷는다

꽃잎으로 덮인 날
잔잔한 호수에 낙엽이 덮였을 때처럼

꽃 향기에 쌓여

상여는 파도 따라 떠나고
별 소녀 바다 내려다보며
바다에 꽃 피어 있는 줄 알고
바다 속 깊이 안개꽃 앉고 뛰어든 소녀

안개꽃은 하늘 바라보고
영혼 하나 뱃머리 앉아
잃어버린 노랫소리 파도로 대신했네.

최후의 선택

잃어버린 기억처럼
네 개의 계절들이 두 계절 되고

허기진 배 움켜쥐고
최후엔 무릎 꿇고
하늘을 향해 울부짖고 있었던 나,

진실을 깨닫기까지
이젠 우리는 헤어져야 하는 사람,
최후 선택권조차 베풀기까지,
늘어놓는 변명, 흘리는 척 들으며,

다시는, 다시는 태어나지 말아야지.

아무도 없었네

찬바람 많이 내 주위를 맴돌고
멀리 보이는 떠나는 사람들

서서히 가는 듯 사라져 버렸어
놀이터 그네에 앉아 하늘을 보니

새들도 구름 몰고 가는 듯한데
바람조차 흰 구름 따라 움직이고

실낱처럼 몰려오는 어두움 피해
낡은 침대에 엎드려 버렸어

누군가 방문이라도 두드려 줬으면
이 고장에서 전화벨, 그 누구도 없어

소리소리 들리면 반가워질까?
작은 등 켜서 나 있는 곳 알려야지.

하얀 눈 속에서

하얀 눈을 밟으며 하얀
마음으로 걷고 있었지
눈발은 내가 걷던 발자국 메우고

내 곁을 떠나는,
그의 하얀 발자국 볼 수 없었어

영혼이여! 그 동안 보살펴 주고
하늘과 땅과 함께 사랑하였음을

하얀 눈 속에서 함께 걷던 날
세상은 아름다웠고
차가운 바람이 기웃거려도
하얀 눈 속에서 꽃 한 송이 피어났지.

야생화

머나먼 들판에
이름 모를 꽃 피었습니다
젊은 날
방황할 때처럼 피었습니다
먼 길 방황하며
누가 꽃씨 뿌렸을까
바람이겠지
누가 나를 젊은 날
방황하게 하였을까
야생화처럼
그렇게 살아 왔습니다.

축제

아름다운 음악은
향기로운 꽃잎에 젖어
강변에서 춤을 춘다
강변의 연인들은
아름다운 음악과 함께
사랑에 젖어 들고
강물을 타고 오가는 여객선
패배자도 영웅으로
영웅도 패배자가 되는

역사는 되풀이되고
향기를 잃은 꽃잎은
조용히 강변에 내려 앉는다
아름다운 음악에
강변의 연인들 사랑에 젖어 들고
슬픔을 감춘 연인들은
흐르는 강물을 바라보며
영원한 축제를 생각한다.

우리가 처음 사랑할 때

서툰 길을 찾아 방황하였다네
비틀거리며 술 취한 사람처럼
입에서 나오는 대로 얘기해 버렸네
그녀는 말없이 웃고만 있었지
들판 쏘아 다니는 소년처럼

너는 사랑을 해 본 여자
나의 첫 만남이었을 때
그녀 입에서는 웃음만 나오는데
즐거워 아무 말이나 해 버렸네

어둠이 올 때쯤 일어서는 그녀를
데려다 주었어도 웃고만 있었다네
늦은 밤 누군가 창문을 속삭일 때
나는 창문을 열고 그녀를 맞이했네

밤새도록 얘기하다 쓰러지고
나도 지쳐 그녀 곁에 누워 있었다네
아침 햇살이 창문을 뚫고
눈을 떴을 때 그녀는 사라지고

처음 느꼈던 사랑의 목소리

내 마음은 네 모습으로 채워지고
어둠 속에서 창문 두드리는 소리
그 소리가 가슴을 쓰리게 하였다네.

되돌아오는 사람

사랑하는 여인이 말없이 떠났습니다
겨울이 오면 혹시 되돌아올는지
벽난로 앞에서 온갖 재롱부리며
그녀가 무엇을 하든지 나는 즐거웠는데

그녀의 소품을 벽난로 앞에 모아 놓았지요
언젠가는 한번쯤 다녀갈 만한데
사진을 모조리 가지고 떠난 그녀
멀리서 한 소녀가 다가옵니다
성숙한 모습으로 나에게 다가옵니다.

아리송합니다

모든 것이 아리송합니다
세상은 앞서 나가도
알 듯 말 듯 한 것들이 너무 많아
아리송할 뿐이지요
남에게 묻는다는 건 더욱 처량합니다
때로는 알고 싶지 않지요
내 삶도 아리송합니다
세상이 변해가도 내 마음 그대로 입니다
아침이면 더욱 아리송합니다
무엇을 할까 생각도 해 보고
해 질 녘이면 허무한 마음 아리송합니다
알 듯 모를 듯 그렇단 얘기지요
누군가 해야 할 말을 감춥니다

비 내리는 밤

밤비 내리는 날이면 나는 눈을
껌벅거리면서 잠을 못 이룬다

몹시 피곤해 있다
잠은 오지 않는데 밤비 요란스럽게
나뭇잎 두들기는 소리
새벽 4시
모든 사람이 잠들어 있을 시간

하지만 빗속을 뚫고 질주하는
차량의 행렬
맹렬한 소음이다
아내가 깰까 봐 조심스럽게 나온다
어둠 속의 빛이 속도를 낸다.

하늘에 꽃들이

고개 들어 하늘을 보니
온통 꽃으로 장식되고
떨어지는 꽃인지,
머물러 있는 꽃인지

알 수가 없네
저 꽃들이 모두 떨어진다면
세상은 온통 꽃밭이 될 텐데

땅에 떨어지면
화병 하나쯤 가지고 있어야
꽃 담을 수 있을 텐데

구름이 만들었나
하늘이 만들었나
떨어지더라도
이 세상 끝나야 떨어질 것을!

변명과 여행

누구일까?　나 더러 구름 타고 다니라 한다.
깊이 생각한다

누구일까?　나더러 천재라고 얘기한다.
자주 듣는 얘기다

누구일까?　누군가 방문 두드렸는데 소리가 보이지 않는다
내 눈의 흐릿한 안개가 세상을 덮었다

누구일까?　나의 지난날, 가슴 때렸던 슬픔을 펼친다
알고 있다 말한다.

누구일까?　내가 아무도 모르게 천사 흉내 내보았다
나도 천사가 될 수 있음을

누구일까?　나더러 갈 길이 먼 사람이라 얘기한다.
지금도 걷고 있는데

쓰러진 등대가 복원됐을 것이라는
그 섬에 생각도 없이 갔다.
쓰러진 등대는 자취를 감추고
갈매기 한 마리 앉아 있다.

아프게 퍼지는 짙은 향기 꽃

사랑스러운 사람들이여
그리운 얼굴 들이여

술 취한 어부는 빈 배로 되돌아오고
어두운 작은 방을 무심코 걷다

소근거리는 숨소리 들리는데
빈 배 돌아오듯 세상 구경
많이 하고 왔겠지요

음악은 별빛처럼 들리는데
항해도중 커다란 파도 부딪쳤어도 배는
여유롭게 파도 헤쳐 나가더이까?

다시 되돌아오지 않을 것처럼
시들어가는 꽃 얘기했었지요
내 곁을 떠나든 머물든 무슨 상관있겠소

커다란 배의 선체를 어떻게 붙잡았더이까?
어두운 밤 작은 별 하나 잠 깊이 들었는데
지친 사람 곱게 잠들게 사뿐사뿐 걷습니다.

하얀 국화꽃

누군가 바쁜 듯

내 뒤를 총총총 소리 내며 걷는다

석양을 등에 지고 걷는 나는

내 그림자 밟고 지난다

조금은 젊게 보이는 여인이

그림자 남기고

내 그림자와 하나가 됐다

하얀 꽃 한 잎씩

나에게 날려보낸다

해가 서산을 넘을 때

그림자 사라지고

국화꽃만 하얗게 지워진다.

노래하는 강

시간이 흐르는 소리
강에 낚시를 던지고 기다리는
소년의 마음에서 들었어,
무대에 섰던 사람
앞을 볼 수 없는 사람이었지
빛은 노래하려는 사람에게
아스라이 비추고

소년이 기다리는
낚싯대가 활처럼 구부러지는 순간
그가 할 수 있는 아름다운 노랫소리가
세상 밖으로 퍼져나갈 때
그는 아무 소리도 듣지 못했어
빛이 없어도
그는 빛처럼 아름다운 소리로 노래하며
사람들은 침묵으로 음을 새겨 담고.

그대여!

당신 건강은 좋았는데
지금도 건강하리라 믿고 있어요
하루 종일 당신만 생각하다
지금은 어디 있을까 궁금하여
내가 당신 옛집을 찾았을 때
집은 사라지고

미국으로 떠났다는
그 동안 여러 번 미국에 갔었는데
사랑하는 그대여!
부디 몸 건강하게 살면
언젠가는 만날 수 있겠지요
생각하면 아쉬운 그대여!
사랑은 영원할 것 같았는데
지금도 당신을 믿고 싶은 것은
나를 사랑한다 했던 그 말.

생각 그 순간

순간순간들은
안개처럼 사라지고
또 다른 순간 찾아와
놓치고 싶지 않는 순간

세상이 바뀌는 순간도

결국 지나면
순간에 불과해
기억 속 깊이

우리 마음은
변하면서 살 수 있어
순간이라
얘기하고 싶지만

즐겁고 아름다웠던
순간들은
젊음에 꽃이 필 때……!

이제는, 그만, 그만

울분 속에 눈물조차 흐르지 못함은
어처구니가, 거짓이,
세상 한 켠에 이루어져
안타까운, 나
진실이다 외쳐대는 슬픈 목소리,

눈물은 그것마저 미소인 척,
거짓의 모습, 믿음 부수며
하늘과 함께 지켜보고 있는데
욕망은 사망이라 했던 것

해야 할 일 많아 마치면 떠날까!
고통은 어릴 적 겪었기에
그 아픔도 이겨 낼 줄 알았는데

하늘이여! 세상이여! 이제는 그만, 그만!

성가신 책들

나는 읽었다 2년 동안 두 번
몽테뉴의 수상록을 읽었다
버스를 탈 때만 읽었다

그래서 어떡하란 말인가
책 한 권 읽었으니
지혜로운 사람이 됐는가

한 구절도 외우지 못한다
처음 구절도 모른다
나는 그저 책장을 넘기고 있을 뿐
2년 동안 두 번이나.…

나를 따르는 내 곁에 있는 책
성가시다 매우 성가시다
책꽂이에 있는 책들은 빛이 나도록 깨끗한데.

사랑이 보일 때

사랑하고 싶은 사람이
꿈처럼 보일 때
망설이지 말고
그녀 앞으로 다가가

꽃을 보이시지요
처음에는 거부해
꽃을 받아
밟아 버려도
꽃을 다시 다듬어

그녀 가슴에 대어 보시지요
향기에 취해
그녀가 쓰러지면
안아 주십시오

사랑이 보입니다
영원할 수도 있지요
꽃처럼 아름답게
사랑해 주시지요.

쉽게 얘기하십시오

그리고 짧게 얘기하십시오
상대방 가슴에 오래 남지요
당신도 피곤하시지 않고
가슴에 남는 것은 금방 지워져 버립니다
짧게 줄임 말을 쓰십시오
침묵도 좋습니다
아는 체하는 것보다
더욱 좋습니다
당신도 힘이 들지 않고
편하게 살 수 있는 방법이지요.

인형

인형이 있던 곳은
눈 내리는 러시아였지
그녀는 누구에게나
모든 걸 보여주기를 좋아했지
누군가 만나자고 하면 말이야
장소를 불문하고 만나 주었지
파란 치마에 털 코트 입고
여우 목도리가 좀 특이하게 크더군
겨울이면 남편은 꼭 출장을 가지
그곳이 어딘지 모르지만

장기 출장이었지
그때마다 인형이 말한 대로
옷차림하고 빨리 가기 위함인지
사람 눈을 피하기 위해서 였는지
들판을 가로질러 달려가곤 했어
열차 정거장을 향해서
열차는 수증기 내뿜으며
황소처럼 울곤 했어
하얀 들판에 파란 치마가
무척 어울리더군 목도리도 그렇고

그래서 내가 좋아하는 인형이야
바로 이것이지, 어때?
자네도 만나고 싶지 않나?
이것이 사람이라면 말이야!

별들의 노래

별들의 모습을 볼 수 없어도
마음속에 들려오는
청아한 소리

밤이든 낮이든 들려오는
별들은 내 가슴속에서
노래하고

빛을 볼 수 없어도
내 마음속에서 노래하며

내가 너에게 보냈던
처음 편지처럼
너의 얼굴처럼

때로는 네 모습이 되기도 하고
네가 불렀던 아름다운
사랑의 노래.

하늘을 나는 새가 되어

새가 땅에서는 제 발걸음만큼만 걷습니다
하늘을 날 때도 제 날개만큼만 날지요
가을에는 함께 따뜻한 곳을 향해
작은 낙엽 한 잎 물고 떠납니다
가을나라에서 왔다는 얘기도 합니다
기러기들은 기다란 비단실 한 가닥을 물고
몇몇 가족이 나란히 날아갑니다
풍향을 따라 함께 기울어지다가
비단실이 바람에 길게 날 듯 날아갑니다
비행기가 푸른 바다 위를 날 듯
머물러 보고 싶은 곳으로 날아갑니다

하늘을 날 수 있는 새가 된다면
나 태어났던 곳으로 날개를 펼치고
나 태어난 곳에서 잠들고 싶습니다

가슴 아파하지 마

슬픔은 어느 곳이나 있다네
비가 내려도 대나무 숲은 울지 않고
그들은 노래를 부른다네
인생은 즐겁지 않아도
그리움은 하늘에 있고 만질 수도 없어
견딜 수 없이 슬프다면
장미들의 미소를 보며
그들은 외로워 밤새 울다
해가 떠오르면 눈물을 감춘다네

인생은 구름 타고 지나는 것만 아니고
파도 속에서 고독을 부수며
잎새에도 핏물이 우뚝 서 있듯
한 번만 가슴 아파도 충분하다네
모든 것을 나누어 생각해 봐
수 없이 사랑할 수 있었던 것이라네
뒤돌아보지 말고 가슴 아파하지 마.

3부

꽃이어서 꽃 피었거늘

가로등

남쪽에 있는 작은 섬 하나
섬에서 걸어 나올 땐 짙은 어둠 속
입구와 출구에 있는 두 개의 가로등

밤이면 파도와 함께 울었다
찢어지는 심장과 함께 울었다

여인 뒤따라 오며
나의 목청 큰 노랫말에 귀먹어버리고
검은 바다 한 쪽씩 고개 돌려 바라보며

나의 통곡을 들어야 했다

여인은 내 곁을 말없이 지나갔고
가로등 꺼지고 찾을 수 없는
여인의 이름을 통곡처럼 불렀다.

꽃이어서 꽃 피었거늘

꽃 향기가 좋아 꽃 피었거늘
향기 내뿜지 못한다 하여 아름다운 꽃을
누가 꽃 아니라 말하겠어요

사람 마음 꽃보다 아름다울 수 있고
아쉬움 많은 꽃도 있지요
옆에 커다랗고 향기 짙은 꽃이
아름답게 피어 있을 때
꽃이기에 꽃 피었거늘 무엇이 아쉽겠어요
누군가 바라보지 않아도 꽃 피우면 될 것을
내 마음이 꽃 같은 마음이면 꽃이라 해도

상관없겠지요 열매 맺지 못하는 꽃도 있지만
꽃 피우고 열매까지 맺을 수 있다면
그보다 아름다운 것이 어디에 있을까요.

바람과 낙엽

바람이 낙엽을 하늘로 날려 보냅니다
낙엽 한 잎 하늘에서 나비처럼 날고
하늘로 올려 보낸 바람은
또 다른 낙엽 한 잎 떨어지는데
낙엽을 품에 안고 석양 향해 날아갑니다
바람에 하늘을 날던 낙엽 한 잎
나에게 다가올 듯하여

두 손 내밀었지만
바람은 낙엽을 자꾸만 하늘로 날려 보냅니다
하늘에서 바람과 함께하며 떨어지지 않습니다
빨간 낙엽 한 잎 눈이 시리도록
내 가슴 향해 떨어지고
손 내밀지 않아도 땅에 떨어지면
주우려 했는데
바람과 함께 멀리 사라지고 맙니다
서쪽 하늘 노을이 붉기만 합니다.

하늘이 붉습니다

차가운 겨울 태양이 붉습니다
둘이서 마주 보며 웃다 얼굴 붉어집니다
낡은 청바지 젊은 아가씨의 살을 보았지요
위쪽으로 찢겨 올라가는 모습 기대합니다
처녀의 가슴도 훑고 지나며

녀석은 기어이 그녀의 온몸을 본 뒤
실망한 눈빛 겨울 낙엽이었나요?
보내는 연서처럼 가슴에 품고
그녀의 가슴 바라보며
뒤돌아서다 젊은 여인과 맞부딪칩니다.

너 여기서 뭐하니? 세 들어 사는 앞집 소녀가
매서운 눈초리로 뚫어져라 봅니다
아니야! 가던 길에 무엇이 떨어져
주어 봤을 뿐이야! 소희야! 인상 좀 펴!
그럴수록 소희의 분노가 커졌습니다

소희의 부풀어진 두 가슴에서
눈 떼지 못하자, 소희의 낡은 구두 끝이

녀석의 정강이를 정확히 걷어찹니다

쓰러지듯 아픈 듯 녀석의 눈동자가 붉어지고
터질 듯 부풀어 오른 소희의 가슴에
하얀 눈송이 송이송이 가슴에 쌓입니다.

장미 여인

어젯밤 비가 내렸나 보다
꽃잎이 너덜너덜해졌다
외부의 침입이 있었던 것
다른 장미는 괜찮다

빨갛던 장미만 머리가
모두 벗겨졌다
옆에 멀쩡한 장미들은
눈 동그랗게 뜨고
으쓱으쓱 춤까지 춘다
기분이 화창한 아침이다

꽃잎은 땅에 떨어져
주위엔 핏빛이다
백장미가 크게 하품을 하며
초록색 치마만 유난히 커 보이는
장미를 본다
융단 위에서 기세등등하다

마지막 남은 몇 잎은

징검다리

강은 넓고 매우 낮게 흘렀지요
큰 돌이든 작은 돌이든
우리 눈에 보일 수 있도록
강물도 너무 맑아
당신이 떠나거나 되돌아올 때
당신의 발걸음만큼
반듯한 돌을 골라
당신 가슴과 내 가슴이 맞닿을 수 있도록
속삭여도 들을 수 있을 만큼
돌들이 움직이지 않도록 만들어 놓았지요

밤이면 서로 안고 잠들 듯
사랑을 안고 잠들 듯
징검다리를 그렇게 가깝게 붙였지요
당신이 외출해도 그 모습 강물에 남고
강물이 천천히 흐를수록
선명하게 보이는 당신 모습
흐르는 강물에 그림자처럼 남기고
기다림이란 이렇게도 긴 시간이었음을
해 질 녘이면 강물 소리 들으며
징검다리 오가며 흔들림 있는 돌들은
작은 돌을 끼워 넣고 당신을 기다립니다.

나는 꽃과 함께 태어났지

당장 내려오지 않더라도
몇 번쯤은 내려오겠지
거기 머무르는지 모르지만
모두가 떠났어도 나, 그곳에서
혼자 있고 싶다.
혼자 살고 싶다.
기대했던 모습 아니어도
그래도 살고 싶다

내 가슴은 무너져 내렸으므로
무너진 그대로 살아야지
그 모습 그대로
내가 실망하여도 실망하면서 살고 싶다
내가 꽃으로 태어났던 그곳에 눕고 싶다
앵두 꽃 향기 맡으며 살아야지
철쭉이 아직 남아 있는지 모르지만
더 많은 꽃 심어서
아름답게 가꾸며 살고 싶다.

이슬도 받치기 어려웠는지
치마 옆으로 붙는다
이쯤 되니 장미 여인이라
고개 끄덕여 주기가 좀 그렇다.

기다립니다

새들의 울음소리를 기다립니다
추운 계절은 지났는데
아직도 거기에 머무는지
힘겹게 오는지 알 수가 없습니다

뒤뜰이 너무 조용합니다
그들의 소리에 마음 달랬는데
지휘봉도 밝게 닦아 놨는데
웬일인지 소식이 없습니다

하얀 눈이 녹아 없어지고
계절은 바뀌어 가는데

쉬엄쉬엄 날아오는 걸까요
그렇게 쉬엄쉬엄 오시지요
나의 기다림은 영원할 테니까요.

희미한 등불

등불이 희미하게 비추는 길을 걷는다
길 잃어버리지 않게 등불은 비추는데
불빛 희미하다며 아쉬워할 수 없다

밝은 곳만 찾지 말고 주어진 길 걸으면
누군가 나를 위해 밝은 빛 비출 것을
세상 사는 것 어려울 것 같지만

믿음 하나 들고 길 걸으면 밝아진다
희미한 등불 하나 들고 산길 걸었던 옛사람들
아무도 어둡다며 불평하지 않았다

낮과 밤, 그 사이사이 걸었던 길
밤이면 별들 다가서며 불렀던 노래
무심하게 살거나 가난도 좋다

나를 찾아온 슬픔

갑자기 다가온 어둠
그 속에 나를 가두어버린다
어둠 속에서
출구를 애타게 찾는다

출구 없는 세상은 없다
삶의 열정, 불처럼 타오르는
열정은 어둠을 태워버린다

나는 길을 찾아 헤매다
거친 길은 피하려 했으나
길은 하나로 뻗어 있다

음악도 별들의 속삭임도
이미 내 가슴에서 떠나고
비 내리는 길 혼자 걷는다.

잃어버린 기억

내 마음은 어중이떠중이
어느 나뭇가지에 앉아 있는지 모르겠네
비 내리는데
잘 마르고 곱슬곱슬 솜털, 젖지 않게 하여
넓은 핏빛 칸나 꽃잎 밑에 털 부풀리고 있나 보자

잎이 없어 바람의 놀이터인 나뭇가지 사이에서
바람에 날려버린 둥지, 보이지 않아도 바람에
시큼한 작은 눈은 껌벅거리지도 않고
홀로 있음을 견디지 못하고 나 태어났던
살구 나무집 마당을 그리워하는지, 가슴 아파하는지

어느 작은 절 돌부처 앞에 지쳐 누워 있을까
빨간 밤 십자가에 앉아 작은 새알들의 숫자를
기억해 보는 걸까 며칠 사이 소리 없이 빠져버린
가슴살을 감추고 어느 날처럼 나무 주위를 맴돌다
나무에 부딪쳤을까 마른날 나무뿌리 올라오듯
바람의 놀이터 뿌리에서 작은 뿌리처럼 솟아 있네.

여보세요

너의 말을 듣기 위하여
어느 비 오는 날
직장에서 휴가를 받고
깨끗한 바지와 파란
윗도리를 입고
너를 기다리고 있었지
네가 오는 모습을 보고
가로질러 비를 맞으며

이번에는 당당하게
길 가운데서 기다렸지
너는 집 앞에서
비닐우산을 접고
나를 보고 깜짝 놀란 듯
표정을 감추었지
침묵의 소리 들었어
여보세요! 여보세요!

세상은 슬픔

세상을 기웃거리다
소리를 내질렀을 때
무슨 그리움이 있었을까
그림자가 가려주고
빛이 없을 땐 우리 모두
세상 기웃거렸지만

작은 가슴을 적셔야 했다
기적처럼 생각이 바뀌고
그 아름다웠던 날
계절이 바뀔 때마다
소리는 가슴에서 울리고
상처의 계절 속에서
슬픈 세상을 기웃거려야만 했다.

나무(늦가을)

낙엽 한 잎 떨어지면 외롭게 헤어지는 것
바람이 낙엽 숲을 파헤친다
두 팔 벌리고 가슴으로 바람을 막았다

바람은 낙엽을 떨치고 어디론가 사라진다
내가 서 있는 곳에 불을 지른다
뜨겁다 뜨겁게 헤어지는 것
만나는 사람마다 헤어졌다

낙엽이 모두 떨어지면
여러 개의 새 둥지가 나뭇가지 뻗어
움푹 패인 곳에 집을 짓고 알을 낳는다
바람아 새집 건들지 마라

나무 끝에 앉아 바라보는 모습 보이지 않니?
작은 새 어미는 둥지 주위만 맴돈다

부드러운 마른 줄기 잎으로
단단하게 지어져 있다 나는 걷는다
누구도 가을이 걷고 있다며 얘기하지 않는다.

사랑은 불 속에 뛰어들고

우리 서로 빨리 가까워지려면
어떻게 해야 해!

조용히 그녀에게 물었다
예상외로 그녀는 다정히 대답한다

시간이 지나야 해요

그녀에게 사랑한다는 얘기는
하지 않았다

그녀도 아직 좋아한다는
얘기도 하지 않았다
오랜 친구이고 싶었으나

시간이 지나야 한다는 얘기가
불쑥 튀어나올 줄 몰랐다.

낙엽들이여!

그 해 가을!
바람의 자국일 수 있겠다

푸른 잎 버리고 너희들은
꿈을 피운 것에

아름다운 붉은 색으로
소녀의 손에는 빨간 잎 하나

참으로 아름답구나
지울 수 없는 단정한 소녀이어라

낙엽은 해마다 바람과 함께 오지만

이번엔 그 계절이 오기 전
누구는 알까 소녀도 네 앞에 서 있네.

늑대의 슬픔

누군가 강아지를 전봇대에 묶어 놓았다
진작 숨이 끊어졌을 만한데
끈질기게 살아 있었다

눈보라가 세차게 전봇대를 후려쳤다
사람들은 길을 피해 다니고
짙은 어둠이 찾아왔다

토담 벽에 붙어 있던 늑대 한 마리
하얀 이빨을 크게 드러낸 채
네 발을 연신 땅바닥을 긁고 있었다

독을 먹은 강아지
숨 넘어가기를 기다리는가
그냥 물고 가면 될 것을

늑대도 몸을 사렸다
독 먹은 강아지
늑대가 먹으면 미소 지을 수 있을까?

슬픈 미소

눈물샘이 젖도록 남겨둘 걸
이토록 슬픈 밤을 위하여
피라도 짜내어 눈물샘에 담아볼까

슬픔 대신 미소 지어볼까
내 눈물샘은 슬픔과 함께 불태우고
그 잿더미 위에서 일어서는 미소를

눈물 지우고 나면 세상 모두를
잃었던 후회는 없어
모두를 사랑했건만
나도 나 자신을 외면할 때
입가에 슬픈 미소가 떠올랐어.

별 하나 영혼 하나

별이 자리를 비우면
국화 한 송이면 될 것을

그 자리 싫어 국화꽃 거부해도
산 채로 받아 들이면 될 것을

별이 비워둔 자리에 앉아서
빛 발하게 될 것을

아기의 울음소리
내팽개친 어미가 있어
서러운 세상 살다가 별 되어도

바라만 봐줘도 되는데
부모 탓 말고 세상 탓 말고
아무도 탓하지 말자

별이 내 준 자리
아무리 허무해도
꽃 한 송이 바치면 될 것을.

목소리

나지막하게
속삭여 줘도 괜찮아요
모두모두 알아들을 수 있어요
사랑을 속삭이듯 하면 더 좋은데

말의 높낮이는
우리 마음 산만하게 하지요
사랑의 밀어처럼
그 이상 무엇이 더 필요하겠어요

고운 말은 꽃 향기 같아서
듣고 또 들어도 즐겁고
사랑의 밀어가 될 수 있지요
우리 모두의 멋진 가슴에
낮은 목소리를 들려주세요.

빨간 펜

호텔 방에서 깊은 잠 속으로 빠져든다
빨간 펜과 노트를 들고
"슬픈 목소리"의 제목을 끝낼 무렵
그렇게 피곤했던가,
내가 눈을 떴을 때 시간의 향방을 알기 위하여
낯선 방의 어둠 속을 헤매다

오늘의 어둠인지 다음날의 어둠인지 알 수 없어
밝은 빛을 위하여 모든 전등과 램프에 불을 켜자
가슴 밑에 있었던 빨간 펜
가슴에서 피가 터져 나왔는지 펜은 용광로처럼 녹아내려
펜은 빨갛게 적셔진 이불 위에 잠들어 있었다
아침 청소하기 위하여 다가온 여인에게 지폐
몇 장 건네니 순식간에 그 모습 사라지고

눈처럼 하얀 침대 시트 머리 위에 기대어
청소부가 갈아놓은 상큼한 향기를 마시며
나는 "슬픈 목소리"를 쓰기 시작했다
텅 비어 있는 빨간 펜은 슬픔이란 두 자 외에는
아무것도 쓸 수 없었으나 누구를 탓할 것인가
뜨거운 내 가슴 열기에 모두 녹아 흘러 버렸으므로.

어둠은 비우고

보름달 어둠 가리고
내 마음 외로워
달처럼 걸어가는 길
터벅, 터벅

어디쯤이면
인기척 느낄 수 있을까
기억 되살려 보는데

초막 집 불빛 환하네
달빛 좋지만 마음의 빛도 좋아
꽃 향기 날 듯한데 빛 유난히 밝아

두려움 많은 길 어둠 속
달빛 받아 맴도는데
"덜컥" 문 여는 소리!

몸 감추고
내 눈초리 한곳에 모여
아직도 여기에 머무는가!

〈

세월 함께 흘러
나, 너 되고 너, 나 되어버린
세월에게 다시 묻고 싶어

보름달 날 보는 것 같아
어디에 숨을까
어둠도 자리를 비우는가
꽃 향기인가 분꽃 향기인가
방 안에서 풍기는 낯익은 향기.

자화상

나 구겨지고 많은 때 묻었다
지워버리고 싶은 순간은
죽음이 가려줘도
모습 화려하게 남는다
한때 기억상실 환자였을 때처럼
되돌아가고 싶은 마음
누군가 거칠게 지나쳐도
항변하지 않는다

변명은 낡은 나의 기억에 남고
진실한 말도 그들에겐 비웃음뿐
질시는 내 혼 속에 스며들고
세상은 순수함을 잃었다
영원히 변치 않는 꽃 향기
이렇게나마 하는 한 마디
이것이 나의 자화상인데.

사랑하는 사람이여

내가 사랑하는 사람은 어디에 있나요
젊음은 짧았고 기억할 수 있는 건 오직 당신뿐
사랑하는 사람이여 소식이라도 알게 해 주오
할 수 없이 내가 당신을 떠나왔지만
내 피가 끓고 가슴 저려 올 땐 불타는 마음이오
당신의 피아노 음률은 내 가슴속에 머무는데
정결한 피아노 음률은 다시는 못 듣겠지요
아름다운 목소리 멋진 몸매 그대로 있겠지요

매일매일 당신 생각하며 정원을 걸을 땐
내가 어찌 눈물을 참겠소
당신을 만날 수만 있다면 손을 잡고
바다처럼 하늘처럼
이 넓은 그리움 사라질 텐데
애처로운 내 가슴 사랑하는 당신
이 넓은 세상에서 어떻게 찾는 단 말이오
나는 많이 변했지만
당신 모습 그대로일 텐데
밤이면 피아노 오— 아름다운 선율이여
당신을 한번만이라도 볼 수 있다면……

잃어버린 길을 찾아

싸리 눈이 얼굴을 때리고 방향 잃은 세 살 아이
닷새 마다 여는 읍내 장날
엄마 손을 놓쳤습니다.
아이는 말없이
언덕길을 서서히 오릅니다
무슨 감각 있었을까?
읍내에서 제일 높은 집, 아이가 태어난 집이지요
엄마는 아이 찾아 장터를 훑고,
아이는 아장아장 집을 향합니다
싸늘한 해가 지고 하얀 천막들도 거두어지고
지친 몸 가눌 수 없어 집으로 옵니다
아이가 잠긴 대문 앞 풀잎에 앉아 싸락눈을 만집니다
엄마를 바라보다 고개를 돌려 버립니다
엄마를 부르지도 않고 매정한 듯
열린 문턱을 넘다 넘어져 버립니다
아이는 울지 않고 엄마 품을 빠져 나와
아랫목 이불 속으로 들어가 버립니다
떨리는 가슴으로 엄마는 아이를 안아봅니다
아이의 얼굴은 눈물로 범벅이 되고
소리 없이 눈물만 흘립니다.

성큼성큼

성큼성큼 다가오더니
번개처럼 빠르게 사라집니다
하늘에선 구름이
땅에서는 사람들이
성큼성큼 다가오는 듯하더니
빠르게 사라집니다

세월도 계절도
순식간에 사라져 버립니다
사랑도 성큼성큼 왔다
번개처럼 사라집니다
모든 것은 성큼성큼 왔다
성큼성큼 떠났으면 합니다.

가을 나라

바람이 분다 시원할 것처럼 분다
엄지와 중지 두 손을 합하여
동그랗게 불어온다

내 몸을 맞고 부서질 것 같다

바람은 내 가슴을 뚫고 지나간다
내가 피해야 했나
그럴 이유를 한 번도 느껴보지 못했다

가을 바람이 내 가슴을 지나고 허전한 마음
허수아비 생각나는 오후
그는 바람을 잘 견디고 있을까

바람들이 모두 할퀴고 뼈대만 앙상하다
그래도 하얗게 웃고 있다
새가 날아와 앉는다

상의가 나처럼 너덜너덜해졌다

웃는다 나는 걷는다
누군가 가을이 걷고 있다고 얘기한다.

내 청춘 아름다울 때(아름다운 청춘)

달리고 또 달렸던 젊은 시절이 있었지요
얼굴이 뜨거울 만큼 달렸고 달렸지요
그때 들었던 노래가 젊음의 노래였던가요
지난날의 추억도 가까이 있었지요
영화도 사랑하는 영화만 골라 봤지요
때로는 눈물 흘리게 하는 슬픈 장면도 있었고

영화처럼 사랑을 아리게 해 보고 싶었어요
바다에서 난파되어 버린 날들도 있었고
거기에도 나의 청춘이 실려 있기도 했지요
아름다운 날을 기대하는 건 모든 사람들의 꿈
누군가 장기가 없어 죽어갈 때
나의 모든 것을 주고 싶은 적도 있었지요.

내 마음은 가을

그 동안 싸락눈이 두어 번
엷은 하얀 눈도 두어 번쯤
겨울을 확인하고 떠났다
지난가을
마지막 흐르는 강물일까,
내 마음 강물에 떠 넘기고

아무도 듣고 싶지 않는 말
가을 소녀가 외롭게 걷고 있었거나
아름드리 낙엽을 보았어도
떠난 것들을 허무만 남겼지만
새들에게 안녕이라고 했을 거야
싸락눈이 창문을 깨웠어도

엷은 눈이나마 세상을 가렸어도
지난가을 내내 아픈 환자처럼
망각의 문만 두드렸었지
그렇게 지냈지만, 누군가
지난가을은 분노를 안고 떠났고
내 마음 잊을 수 없는 지난가을.!

거울

거울 한 조각을 내 가슴 한 편에 묻어두고
매일매일 다른 내 모습을 본다
누군가 오늘도 떠나버렸을 터인데
그 빈자리가 안타까워 거울 속 그리움은
그저 빨리 되돌아오길 기대하며
아름아름 사라져가는 보고 싶음에
가슴에 묻어둔 거울을 들여다보면

하늘을 보는 것이 마음 편하다
가슴속 거울엔 내가, 아닌 네가 서 있다
내가 보고 싶은 얼굴들은 언제나 거울 속에 비칠까
주막집 할미의 여린 손 한 편엔 지나버린 세월의 자욱이
거울 속엔 어제의 취한 모습의 비틀거림이 보인다.

동산에서

낡은 배는 어둠과 함께
붉은 낙엽 헤치며
동산 옆을 지납니다

세상에 처음 내비친 별들은
은하수처럼 멀리서
호숫가에 모여들고

어렸을 적 나의 꿈처럼

그들은 신비로운
낙엽으로 덮혔던 호수는
배 가는 대로 길 열리고

천사들의 가을밤 호수
어둠 다가올수록 화려한 별빛
동산은 호수에서 움직이고

에메랄드 빛 천사가
낙엽 헤치며 뱃머리에 앉았습니다

〈

천사는 떠나고
되돌아가는 그들의 동산 위에
어둠 속에 찢긴 돛 보이는데…..

떠나는 것

모두 벗어 던지고
하얀 모습 그대로
떠나면
새 옷 입고
발걸음 내 딛는 소리
비우지 못한 마음
아쉬움
눈밭에 뛰노는 토끼 한 마리
외로워 하는 소리

그리움
마음 비워두면
바람이 스쳐
머물지 않고
떠나는 것
숨어 있는 것 찾아
떠날 땐
보고 싶음도
가벼운 마음
떠날 때의 그리움.

옛 사랑의 이야기

걷는 발걸음이 지쳐 보이는데
한창 넓음이 넘치는데
꽃 향기가 너를 취하게 하였구나

내가 젊었을 때, 너처럼 일 때
사랑을 주체할 수 없었지
매일 꽃 향기에 취해
시간 가는 줄 어떻게 알았겠니

사랑하고 싶거든 나를 따르라
네 눈동자를 보니 꽃 향기에 취한 게 아니다
마음이 허전하거나
외로우면 언제든지 나를 찾아라

비록 아무것 보이지 않는다면
계절을 생각하고
실망하지 말고 내 뜻을 따르라
오직 사랑할 수 있는 길이다

나는 사랑에 지쳐 늙어버렸다
가는 꽃마다 꽃이 피었었지
지나면 피는 꽃도 있더구나
나처럼 찾아 나서지 않아도 찾아 들게 해야지.

사막에 피어 있는 들장미 한 송이

아름답게 피어 있는 들장미 한 송이
누군가를 기다리며 피어 있지요
낙타를 타고 나타난 청년 한 명
매일처럼 물 들고 뿌려주었지요
용감한 청년을 잊지 못합니다
지나는 집시들은 들장미 곁에서
들장미 향기에 취하고
낙타를 타고 나타난 청년 한 명
들장미 곁에서 내리더니
두 손으로 장미꽃 안을 듯합니다
기어이 들장미에 손을 댑니다
들장미는 부스러져 모래가 되어
회오리바람 불어 하늘로 치솟았습니다
향기만 그곳에 영원히 남았지요
청년은 낙타와 함께 잠들고….

4 부

잃어버린 너를 찾아

거울과 여인

안개보다 더 여윈 그림자 있었는데
오전에 들고 나갔던 호미가 가볍다
집에 들어서자마자 거울 앞에서
땀에 젖은 속내의를 모두 벗는다
아직은 젊고 하얀 피부가 거울에 비추어지고
좀처럼 변하지 않는 속살을 본다

거울엔 연민의 사랑이 보이고
부풀어오른 가슴엔 두근거리는 소리
가슴을 내보일 수도 내 몸을 내보일 수도
내 마음은 더욱 내보일 수 없는 것들인데
내 몸보다 내가 생각하는 것들이 보인다.

꽃 구워 먹었네

길을 떠나는 나그네도 배를 채워야
걸을 수 있지 않겠나 힘,
그래 힘이 있어야겠지
옛날 어느 부잣집 담 안에서
고기 굽는 냄새 참 희한하데
그날 주인 어른 위하여 소갈비 구웠다네
이 거리는 숯불 고기 떠나고
고기 굽던 숯불 아직도 살아서
옆에 껍질째 쌓아진 파 뭉치들 헤치고
굵고 하얀 놈만 골라 숯불 위에 구웠어
냄새 참 희한하데,
향기로운 꽃 냄새 나네!
이리 뒤집고 저리 뒤집고 있는데
고소하게 구워 지던 때 인기척 느꼈지
집주인 한번 먹고 싶다 해서 뜨거워 가슴처럼 뜨거워
손으로 집어내지 못하는데 그 집 어른
집게와 쟁반 준비해 왔다네,
참 희한하데 구운 파 곱게 바쳤지
곱게 구운 하얀 부분 너무 빨리 먹고 싶었나 봐
뜨거워 뜨거워를 연발하며 파 허리쯤 잡고
굵은 제일 앞부분 입에 넣었나 봐

얼마나 뜨거웠는지 고소했는지 입을 데우고
아예 숯불 옆에 앉아 파를 까고 있었어 제길,
잘 먹으라 하고 자리에서 일어났어
참 희한하데 고소한 냄새 꽃 굽는 냄새.

내 얼굴 숨기고

질척이는 진흙탕 속 발 빼기 힘들어
몸, 뒤로 뉘고 푸른 하늘 보았네
흐르는 새털구름 내 마음 찢기며

내 마음 구름 되면 이 세상 잊힐까
영원한 건 네 마음을 떠나는 내 마음

욕망 없인 머물 수 없다던 구름 이야기

아니야, 아니야 난 아니라고 부르짖네
이 계절 떠나든, 누군가 다가선들
텅—빈 내 마음 누가 들여다 볼 것인지,

모두 떠나 텅 빈 가슴 무심코
잠자리에 일어서면 부서지는 뼈 소리

모습조차 의지 못해 누구를 부를까
어두운, 내 마음 촛농까지 타버린 얼굴

태양을 태우고 달과 별을 태웠다네
구부리고 달리는 세상 얼굴 들 수 없는 날,

진흙탕에 얼룩진 내 모습 내보일까.

불 밝힌 방

어두운 방, 갇혀 지낸 사내 흘끔거리며
불 밝혀진 방의 미소를 그리워한다
정체를 기억하려다,
날 선 칼끝으로 실체를 잘라내며

배신의 심장을 향하여 겨누고
뜨거운 피가 기다란 칼을 타고
내 손목에 적셔지는 환희를 그려보다

마음 다독이며 분노의 한 부분을, 깎아내다
결국 내 손목을 베고 말았다 뜨겁게 흐른 피
내 던져진 칼은 다시 잡을 수 없는 것

잃어버린 너를 찾아

나는 모두 사라져 버린 줄 알았다
외로움과 고독이 함께하며
내 마음을 괴롭게 하고 있다
눈을 돌려 여러 행방을 좇는데
나를 버린 것일까
거기서 낯익은 얼굴을 찾는데

얼마나 많은 시간을 쏟았을까
더 시간을 쏟더라도 상관없다
나는 낯익은 얼굴을 찾아야 한다
어디로 갔을까!
모습을 찾는데 지쳐버린 육신
나, 내 안의 모습이 그리워진다.

듣고 싶은 목소리

촛불 두 손 감싸며, 뜨거우면
뜨거우면 감각 되돌아올까

언젠가는 쓸 수 없는 왼손처럼
내 몸 온통 마비될 텐데

풀잎에 누워 하늘을 보고 싶다
푸른 하늘 구름에 내 몸 싣고

구름 흐르는 대로 떠날 것을
낯선 어느 마을에 머물러 있을 것을

더듬어 가야 하는 길 있듯
미움은 영원할 수 없는 것

누군가 너에게 가르쳐줬던
목소리 낼 수 있는 길이었는데

내 가슴 찢어낸 너의 목소리
듣고 싶다.

보고 싶은 그대에게

당신 별 아니에요
포도주 마시고 있을 거예요
우리 함께 땅 위에 있지요
그것만이라도 알고 싶어요
당신의 향기가 바람에
짙게 풍길 것 같아요

보고 싶어요
내가 별 되어 찾아 볼까
보고 싶음이
오— 당신 목소리만
들을 수 있다면

가슴 저려 오지 않을 텐데
당신 어느 계절에 있나요
가을이 오면
붉은 계절 낙엽을 모아모아
불태워 그 향기,
그대에게 보내고 싶어요.

하얀 장미는 빈 배에 가득 실렸네

푸른 바다 위에 자욱한 안개 속을
네 영혼 하얀 장미에 덮여
안개 속으로 떠나 가네
네 방은 영원히 어둠에 잠기고
언제쯤 누군가 불을 켤 때까지

작은 섬들을 돌고 돌면서
떠나기 싫어하는, 이별하기 싫은 사람처럼
먼 바다 고달픈 선장처럼
홀로 왔다 홀로 떠나는구나
너의 빈 방은 꿈처럼 잠들어 있고
울먹이는 우리들 남기고
너와 우리들의 거리는 얼마나 될까?

추억 그 아름다웠던 날들

모래알 같은 시간들이 모여서 세월이 되고
세월은 구름 흘러가듯 흘러가는데
망각하여야 할 나의 젊은 시절을
퇴색된 시간 속 스쳐보는 노란색 사진들
미지의 환희를 고대하며 가끔 즐거움에 들떠 있었던 나
오늘까지 살아오며 초라한 그 미지의 세월은 펼쳐졌는데
오늘을 생각하며 살았던 그날을 그리워하며
변치 않는 하늘의 구름을 보면
나 또한 구름이 되어 어디로 흘러갈지 바람에 맡길 터
그래도 우리에게 사랑할 수 있는 시간이 있다면
우리 서로 지난 날 너무 깊이 생각지 말고
남은 시간의 아름다운 날을 찾아 보자꾸나
달빛이 길을 가르쳐주는 대로 흘러가는 양떼구름처럼
잃어버린 모든 것들을 찾는 시늉을 하며 살자
젊음을 찾아서 사랑하고 슬픈 이별도 하며 살자 꾸나
다만 어둠 속에 내딛는 발걸음은 더디기는 하여도
소중한 기억들을 찾아, 긴 여행도 해보자 꾸나
언젠가는 모두들 얘기하겠지 입이 열리는 날
삶은 사랑이요, 인생 모두는 사랑에 대하여
축배를 들어야 한다고.

나, 이대로 머물겠습니다

외로움과 아픔 떠나지 않아도
즐거웠던 날 지나고
되돌아갈 수 없음을 알았을 때
새로운 날의 기다림이
즐거웠던 순간 되돌릴 수 없음 깨닫고
쓸쓸한 나날을 기다리고 있는
자신이 가여웠지요

나, 이대로 있겠습니다 영원히
향기 풍기며 살아가겠습니다
아픈 마음이 무엇이고
죽은 자와 다름이 없다 해도
이미 죽은 자 됐다 해도
동정의 풍선이 오면
이 장미 가시로 터트려 버리겠습니다.

사랑했었네

비바람 불던 날 우두커니 그녀 기다렸네
눈보라 치고 얼어붙은 몸으로 나 거기에 있었네
그녀는 날보고 스치듯 지났는지 몰라도
그녀 모습 보이지 않았네
그녀를 보면 내 눈 변할 것 같아

하루 종일 그녀 모습 생각하며
발걸음 소리만 듣고 있었네
어느 날 밤, 방과 거실 오가며
사랑이라는 낱말 떠올리자
그녀 지나는 곳으로 자연스레 눈길이 갔네
사랑을 배웠으니 난 뭘 해야 하나
눈멀고 귀 멀어도, 나 거기서 죽겠네.

슬픈 노랫소리 많이 내 마음 달래려고
소리 없이 들리는 그녀의 목소리처럼 들린다
마음이 즐겁다 이별의 비밀을 알았으므로.

등대

배를 타고 그 섬에 다시 가고 싶다
빛이 그리워 등대 곁을 서성이던
작은 배들의 이야기
등대가 쓰러진 뒤
차가운 내 가슴 등대 서 있던 곳
파도는 왜 그렇게 울었는지
별들 많이 모여들던 날!

갈매기 외롭게 날 맞이하고
내가 탄 배를 좇아 달려온다
갈매기 울음소리
등대가 있는 곳,
멀리서 보아도 보이지 않는다
등대 대신 갈매기 한 마리.
가벼이 날고 있다.

비련

사랑하는 사람이 떠났다 안개처럼
아무런 흔적도 없이 사라졌다
되돌아올 수 있다면
꿈처럼 희망처럼 생각하다

아무것도 갖고 가지 않아
떠날 때도 홀가분했겠다

누군가 죽도록 보고 싶어
슬픔이 다가서, 떠났는지

밤에는 불을 켜고 그녀를 그리워하다
잠들기 위하여 몸부림은, 슬픔

잎새와 부딪치는 노랫소리가
내 가슴을 파고든다 그녀 얼굴이 다가온다

죽음보다 슬픈 것이 꿈처럼 사라진다
이별인 것을 알았다.
해보고 싶었던 이별을 알았다

어느 섬에서

여름방학 녀석이 나를 데리고
그 섬에 갔었다
친구 네 명과 어여쁜 소녀를 튜브에
태워 바다에서
눈을 감고 일광욕을 즐기고 있었다
두 명은 수영할 줄 몰라
멀리 갈수록 두려워했다

조용히 있는데 한 녀석이 눈짓을 한다
우리는 바다의 푸른 살결을 보드랍게 만졌다
멀리서 들리는 확성기 소리
빨리 돌아오라는 말만 연거푸 하고

그녀는 애무를 받은 듯 바다 위로 뛰어 들었다
수영 연습생 중 그 중에서도 가장 헤엄 잘 치는
우리는 텅 빈 튜브를 붙잡고 바닷가로 나갔다
햇살에 실컷 두드려 맞고 백사장에 누워
늘씬한 그녀가 미소 지으며 지나갔다.

낯선 방

피곤한 몸 조심스레 허물어져가는
낯선 도시
질서 없이 갓 입대한 초년병처럼
도착한 호텔
호텔방 바로 머리 위에는
낮은 비행기의 굉음이 요란하고
고흐의 그림 같은 열쇠 카드

행여나 그대,
방문 열고 환한 얼굴 붉힐까?
기대는 아무 곳에서나 하는 것
아니라는 법칙 하나 또 만들고
외로운 남자의 천근 같은 몸
하얀 침대 위에 던져진
이방의 거리
낯선 방의 깊은 잠.

봄날 하나

아픈 내 가슴 쓰다듬어 줄까
동정도 뜨겁게 받아들이고
미치도록 보고 싶은 사람에게

봄비 내리던 날
내 몸에 걸친 옷 바람에 날리고

머뭇거리지 않고 내리는 비에
떨어져 나가야 하는 아픔처럼
입 꼬옥 다물면 세상 달라지고

파란 세상 파랑새 날던 날
하얗고 커다란 종이 위에
연두색으로 색칠하던 봄날.

빈집

침묵으로 채워진 낡은 집들
외로운 소년은 빈 집마다 들여다보며
뜨거운 계절의 사이사이에
꺾어진 나뭇가지로 틈바구니 메운다
아무도 알 수 없는 먼 훗날
언젠가 되돌아올 그들을 생각하며

내가 태어났던 작은 방은
아직도 내 마음에 있고
여름날 쏟아지는 소나기 소리
갓 태어난 아이의 울음소리

주인 떠난 빈 가옥들
해마다 상처를 남기고 비워지네.

우리는 말을 찾는 영혼들

바람에 날리는 저것들 보시지요
우리가 한 번도 사용치 않았던 낱말들이오
환상적인 언어의 모습이지 않소
오직 신비로움으로 가득한 것들뿐이오
파도의 분노에서 나왔고
별들의 대화에서만 찾으려 하지 마시오

포도송이 사이에도 있고 천둥, 번개가 남긴
끝머리에 있는 것도 있소
아침 뒤뜰에 나가 이슬 젖어 오므라진
꽃만 보지 말고 그 사이 지나는 작은
무지개를 보면 그 빛 사이사이에 끼어 있는
우리가 알지 못했던 낱말을 들을 수 있을 것이오
아름다운 언어는 영혼처럼 떠다니오.

눈물

소리 없이 펑펑 울고 싶은데
눈물이 나오지 않는다
소년에서 청년 사이
나는 눈물을 너무나 탕진해버렸다
하늘을 홀로 날고 있을 때
날갯짓하느라 모두 소진해버렸다

무엇이 슬퍼서 무엇이 아쉬워서
그렇게 많은 눈물을 쏟아냈는가
메말라 버린 늦가을 낙엽처럼

낙엽을 밟으면 향기로운 소리가 난다
향기로운 소리만 들어도
내 마음은 왜 이토록 젖어오는 가.

영원한 사랑

내가 사랑하는 사람은 그리움에 젖어
영원히 내 마음속에 있네요
빗속에 우산도 없이 걸어가는
아름다운 꽃잎이 되어
영원히 변치 않는 나의 추억이랍니다
추억은 그리움에 젖은 눈가를 훔치며
보고 싶음에 모든 걸 버리고

내가 기억할 수 있는 그때 그 순간들이
나의 삶 모두인 것을
헤어져 낡아 향기를 잃은 꽃잎이라도
내 가슴속 가득히 담아
내 평생 그리움에 젖어 살아갈 텐데

꿈속에서라도 단 한번 향기에 젖은 당신 모습을
볼 수만 있다면, 볼 수만 있다면
비에 젖어 영원히 추위에 몸부림치더라도
나의 꿈들은 저 먼 산 너머로
모두모두 날개를 달 수 있을 텐데
이 세상 모든 것을 품에 안고 살아가면
그리움은 제자리를 찾아 방황하지 않을 텐데.

손을 들고

수없이 손을 흔들고 있습니다
만남과 이별 속에 있었던 일들
그것이 그리워 손을 흔듭니다
나를 한때나마 사랑해준
그 사람들이 보고 싶어 손을 흔듭니다
만나면 영원히 함께할 줄 알았는데
그들은 떠나고 싶을 때
아무 계절 상관치 않고 떠났지요

누군가는 되돌아 오겠다고 했지만
되돌아 오는 사람 없었지요
나는 손을 흔들며, 흔들며
그들이 되돌아올 수 있도록
다시 그 길을 타고 올 수 있도록
멋있는 장식도 하렵니다
영원히 머물 수 있는 안식처도!

가을을 떠나네

더 울먹이기 전에 나는 떠나네
뜨겁게 살았으면 만족해야지
내 사랑은 어느 방향으로 갔을까?
그녀는 글 한 장 안 남기고
새파랗던 저—푸른 잎들이
세상은 밤에도 타오르던데
사랑하는 여인이여! 아니 내 사랑이여!
죽을 때까지 사랑하자며, 얘기했지요

그런데! 당신 물건, 보석, 그대로 있는데
낙엽이 아름다워 산책하는 모양이구려
짧은 시간인데도 이렇게 보고 싶은 당신
아마 은사시나무 사이를 걷고 있을 것 같군요
나의 여인이여! 아니 사랑이여!—
당신이 좋아하는 영롱한 에메랄드를…..
빨리 와 나를 부축해 주시오, 무척 보고 싶소!

사라지는 미소들

사람들 모습에서 찾을 수 없는 것처럼
미소들은 어디로 무엇 때문에 떠났는지
단 한 명의 미소를 볼 수 없습니다
제일 앞에 서 있는 내 모습은 선명하여
분노처럼 두 주먹이 불끈 쥐어 있지만
분노는 파괴하여야 풀어지는 것 아니고
무엇 때문에 분노하는지
욕망의 희생자 되어 분노하는지
분노는 결국 더 큰 분노를 남깁니다
마음에 상처도 분노 때문에 생긴 것
주먹 쥔 손을 풀고 푸른 하늘을 보십시오
흐르는 구름이 있다면
조금 있으면 사라질 것입니다
자신을 더욱 불행하게 할 뿐입니다
저에게는 미소는 사라지고 온통 분노뿐입니다.

거울을 닦습니다

지쳐 있는 모습이 안타까워
거울 속에 있는 얼굴을 쓰다듬으며
어렸을 때 들에 핀 꽃을 쓰다듬듯
가볍게 쓰다듬습니다
손으로 닦을수록 거울은 때가 묻어
거울 안에 있는 것들이 나의 현실이듯
자라는 가시나무 윗부분 가지런히 쳐내면
가시들은 땅에서 엉겨 붙어 덩이를 이루듯

거울 안의 형상들은 가시들만 엉성합니다
그 모습 감출 데도 없는데
움직이는 얼굴 성한 부분을 찾습니다
자세히 드려다 보면 가시들이
거칠게 긁혀 있는 얼굴은
오래전 일이고 슬픔만 남았습니다
내뱉지도 못하는 슬픔만 눈에서 반짝입니다.

밤이면, 눈물

밤마다 흘리는 눈물이
별처럼 보였어요
나는 여기를 떠나고 싶어도
우리가 심었던 장미들은
가을이 되어도 피어 있어요
당신 제일 좋아하는
하얀 장미 향기롭게 피었어요

아름다운 정원의
당신이 심어 놓은 꽃들이
아름다울 수밖에 없어요
보고 싶은 당신이여!
온통 당신의 향기뿐이랍니다
벌써 밤이 되었네요
밤은 별들을 데리고 와요
꽃이 지기 전 당신 와 주세요.

파도의 휴식 (그해 시월)

참으로 꿈같은 날이었소
당신이 이 나라에 살고 있었다니!
당신을 만난 뒤 수십 년 동안
내 가슴은 잠잘 날 없었소
내 마음은 파도처럼 쉬는 날 없이
안타까움에 상한 마음이었소
매일매일 힘든 계단 오르듯
때로는 터져버릴 것 같은 나의 모든 것
폭포를 처음 구경하러 갔을 때에도

웅장한 소리에서 당신의 피아노 소리 들었고
강을 따라 내려가면서
당신과 함께 손잡고 걷는 모습을 생각했지요
위험을 무릅쓰고 거문도에 출항하던 날
선장은 선택권을 우리에게 부여했지요
아무 소리 듣지 못한 사람처럼 낡은 배에
들어갔을 때 뒷걸음치기도 했지만
파도가 곡예를 부리는 대로 배는
하늘로 치솟다 바다 가운데
부드럽게 가라앉는 듯 아찔한 감각.

침묵의 계절

미래에 대해서 생각해 보면
그다지 다르진 않을 텐데
그들의 삶이 더 길었던 것도 아닌데
하고 싶은 말이 그리도 많았을까
바뀐 계절이나마 느끼고 있는지
지난날을 기억한다 해도 되돌아갈 수 없는 것

기억을 살려보고 고뇌에 묻혀봐도
사라져버린 기억들을 떠올리기 힘들어
아픈 추억 많이 덧씌워질 텐데
어느 날 꿈속에서나 얼핏 지날까
앞을 보고 걸어야 넘어지지 않을 것을

다가오는 그 무엇도 기대하지 말고
침묵하며 살면 침묵으로 되돌아올 텐데.

파도의 눈물

뜨거운 태양, 내리쬐는 바람 한 점 없는 해변가
목마른 소라 한 마리 땀 뻘뻘 흘리며
푸른 바다 향해 힘겨운 걸음걸이 건습니다

푸른 초원의 꽃 구경하려다
바다에서 너무 멀리 벗어났습니다
소녀처럼 가녀린 소라는 상처 입으며 힘겨워합니다
태양열은 쉬지 않고 내리쬐는데

지친 듯한 소라는 슬픔 속에 목마름 더해 가고
빠른 걸음걸이 할 수 없어 모래 속에 지친 걸음 내맡깁니다
뜨거운 모래는 소라의 목마름 더해 가고

한 떼의 아이들 재잘거리며 다가오는데
목마른 소라는 눈물 흘립니다, 말라가는 속살에서 흐릅니다
재잘거리는 아이들은 소라 근처에서 무언가 찾는 듯한데…..

해 설

고통을 사랑으로 꽃으로

Shin jae

해설

고통을 사랑으로 꽃으로

문정영(시인)

1. 들어가면서

시는 시인 자신의 감정의 모래알을 언어로 쌓은 것들이다. 모래는 고통, 슬픔, 사랑 그리고 이별로 만들어진 것으로 때로는 슬픔이나 고통의 모래로 집을 지었다가 다시 사랑 혹은 이별의 모래성이 되기도 한다. 이번 김종석 시인의 세 번째 시집 『비 내리면 슬픈 날, 바람 불면 아픈 날』은 시인 자신의 감성을 통하여 인간이 가지고 있는 본래의 내면을 들여다보게 하는 삶의 성서라고 본다.

이번 시집 시인의 말에 그것이 잘 드러나 있다.

"모든 것이 허무이거나 슬픔도 아픔도 아닌 것들/ 사는 날, 어쩌다 사람끼리 어깨가 부딪치듯이 그렇게 스치며 지내야 하는 것/ 그 아무 감정 없이 감각 없이 살아갈 수 없듯/ 모든 것에 슬픔 있어도 아픔 있어도 감각적이어도/ 그것은 살아 있음을 얘기하는 것 아닐까" 하는 생각 속에는 "아픔도 슬픔도 영원하지 못하여 기쁨도 즐거움도/ 순간순간 지나치고 그렇게 사는 것이 삶이라면/ 너무 단순한 걸까, 사는 것은 몸, 생각, 개성이 함께하는 것/ 그렇게 얘기해도 단순한 걸까?/ 물을 것도 대답할 것도 살면서 이루어지듯/ 슬픔도 아픔도 그렇게 다가오다 모두 사라지는 것."이라는 시인의 체험적 목소리가 들어 있다. 이 안에 시인이 하고 싶은 말들이 다 담겨 있다.

또한 이 시집 속 이 한 편의 시에 시인이 하고자 하는 말들이 축약되어 있다.

"오이 꽃이 줄기에서 떨어지더군/ 떨어진 꼭지에서 내뿜던 오이 향/ 잎들에 가려져/ 지나치던 노랗고 작은 꽃잎/ 주름진 얼굴 사나운 입씨름/ 중략 / 밥은 오이 무침 하나면 되었는데/ 그날 오이 향 풍기며/ 오이 꽃 울던 밤" (「오이 꽃」) 이 시를 찬찬히 읽어보면 사랑, 아픔, 죽음, 이별에 관한 것들이 은유적으로 내포되어 있다.

오이 꽃이 피고(즐거움, 사랑) 오이 꽃이 떨어지고(이별) 떨어진 꼭지에서 품어나는 오이 향(즐거움) 오이 향 풍기는 동시에 오이 꽃 울던 밤(사랑, 이별)이 한 편의 시에 오롯하게 들어가 있다. 이를 통하여 보여지는 시인의 시편들에 대한 예감은 인간이 살면서 겪는 생생한 감정의 노출일 것이라 생각을 갖게 된다. 이제 김종석 시인이 가지고 있는 감정선을 따라가면 그의 시가 가지고 있는 의미들을 들여다보자.

2. 가족간의 상처를 치유하면서

시는 고통을 치유해 주는 기능이 있다. 시인은 시 쓰기를 통하여 자신의 아픈 것들을 드러내고 이야기함으로써 마음 안에 갇혀 있던 상처들이 치유된다. 독자는 그 시를 읽고 동질감을 느끼고 공감대를 통하여 자신의 아픔을 치유하게 된다. 즉 시가 주는 감동은 고통스러운 감정을 불러 위로하고 시에 반응하고 감동하는 그 순간 순간이 치유의 계기가 된다.

김종석 시인은 가족 간의 고통을 치유하기 위하여 솔직하게 그리고 있는 그대로의 아픔을 언어로 내보여 주었다. 가족에 관한 몇 편의 작품을 통하여 독자는 그가 얼마나 고통을 오래 가슴에 품고 살았는지 알 수가 있을 것이다.

> 싸리 눈이 얼굴을 때리고 방향 잃은 세 살 아이
>
> 닷새 마다 여는 읍내 장날
>
> 엄마 손을 놓쳤습니다.
>
> 아이는 말없이
>
> 언덕길을 서서히 오릅니다
>
> 무슨 감각 있었을까?
>
> 읍내에서 제일 높은 집, 아이가 태어난 집이지요

엄마는 아이 찾아 장터를 훑고,

아이는 아장아장 집을 향합니다

싸늘한 해가 지고 하얀 천막들도 거두어지고

지친 몸 가눌 수 없어 집으로 옵니다

아이가 잠긴 대문 앞 풀잎에 앉아 싸락눈을 만집니다

엄마를 바라보다 고개를 돌려 버립니다

엄마를 부르지도 않고 매정한 듯

열린 문턱을 넘다 넘어져 버립니다

아이는 울지 않고 엄마 품을 빠져 나와

아랫목 이불 속으로 들어가 버립니다

떨리는 가슴으로 엄마는 아이를 안아봅니다

아이의 얼굴은 눈물로 범벅이 되고

소리 없이 눈물만 흘립니다.

-「잃어버린 길을 찾아」(전문)

이 한 편의 시 속에 시인은 유년의 아픈 기억 하나를 풀어내었다. 그러나 그 아픔 것을 오래 기억하고 싶은 것보다 그 통증을 시인의 내면에 잠재우기 싶은 마음이 자리잡고 있다. 자칫 트라우마가 되어버릴 수 있는 아픔을 다독다독해주는 것이다.

"아기의 울음소리/ 내팽개친 어미가 있어/ 서러운 세상 살다가 별 되어도/ 바라만 봐줘도 되는데/ 부모 탓 말고 세상 탓 말고/ 아무도 탓하지 말자//별이 내 준 자리/ 아무리 허무해도/ 꽃 한 송이 바치면 될 것을." (「별 하나 영혼 하나」) 이 작품을 쓴 시인이나 이 글을 읽은 독자나 아픔을 공감하고 자신의 내면에 깊이 박혀 있는 슬픔을 날려보낼 수 있는 계기가 되었을 것이다. 그러나 더 나아가 시인은 세상 탓하지 않고 굳건하게 나아가는 모습을 보여주고 있다.

3. 사랑의 감정선을 따라서

시는 시인의 감정을 먹고 탄생한다. 특히 사랑에 대한 의미는 인간의 곁에 가장 가깝게 존재한다. 김종석 시인이 시를 통하여 자신의 감정을 지상에 토로하지 않았다면 지금보다 그의 삶이 더 거칠어 졌을지도 모른다. 그의 시는 직설적 화법에 가깝다. 즉 자신의 감정을 위험하게 숨기거나 가두지 않는다. 그 언어의 파동만 느껴도 시인의 감성이 충분히 전달된다.

이번 김종석 시인의 시집에는 유난히 사랑과 그리움이 가득 차 있다. 그 시편들을 따라가보면 사랑의 아픔과 좌절이 생생하게 느껴진다. 영원한 사랑으로 믿었던 사람과의 이별 그리고 그 사랑의 실체를 알고, 거기서 헤어나오지 못할 것 같은 예감도 지금 뒤돌아보면 아련

한 추억이다. 그러나 그 추억은 나이가 들어도 쉬 지워지지 않는다.

서툰 길을 찾아 방황하였다네

비틀거리며 술 취한 사람처럼

입에서 나오는 대로 얘기해 버렸네

그녀는 말없이 웃고만 있었지

들판 쏘아 다니는 소년처럼

너는 사랑을 해 본 여자

나의 첫 만남이었을 때

그녀 입에서는 웃음만 나오는데

즐거워 아무 말이나 해 버렸네

어둠이 올 때쯤 일어서는 그녀를

데려다 주었어도 웃고만 있었다네

늦은 밤 누군가 창문을 속삭일 때

나는 창문을 열고 그녀를 맞이했네

밤새도록 얘기하다 쓰러지고

나도 지쳐 그녀 곁에 누워 있었다네

아침 햇살이 창문을 뚫고

눈을 떴을 때 그녀는 사라지고

처음 느꼈던 사랑의 목소리
내 마음은 네 모습으로 채워지고
어둠 속에서 창문 두드리는 소리
그 소리가 가슴을 쓰리게 하였다네.

-「우리가 처음 사랑할 때」(전문)

이 작품은 시인의 사랑이 얼마나 순수하게 시작하였는지를 보여준다. 그 사랑의 원초적인 감성은 "처음 느꼈던 사랑의 목소리"다. 이런 사랑의 토로는 시의 본질인 고백에서 시작된다. 시인의 내부에 가득 차 있는 기쁨과 희열을 내보이고 싶은 것이다. 처음 느낀 감성은 소중한 것으로 "내 마음은 네 모습으로 채워지고" "어둠 속에서 창문 두드리는 소리"가 환청으로 들린다.

그러나 이 순수한 사랑의 시작은 조금씩 기다림과 그리움으로 바뀌어 간다.

내가 사랑하는 사람은 어디에 있나요
젊음은 짧았고 기억할 수 있는 건 오직 당신뿐
사랑하는 사람이여 소식이라도 알게 해 주오

할 수 없이 내가 당신을 떠나왔지만
내 피가 끓고 가슴 저려 올 땐 불타는 마음이오
당신의 피아노 음률은 내 가슴속에 머무는데
정결한 피아노 음률은 다시는 못 듣겠지요
아름다운 목소리 멋진 몸매 그대로 있겠지요
매일매일 당신 생각하며 정원을 걸을 땐
내가 어찌 눈물을 참겠소
당신을 만날 수만 있다면 손을 잡고
바다처럼 하늘처럼
이 넓은 그리움 사라질 텐데
애처로운 내 가슴 사랑하는 당신
이 넓은 세상에서 어떻게 찾는 단 말이오
나는 많이 변했지만
당신 모습 그대로일 텐데
밤이면 피아노 오— 아름다운 선율이여
당신을 한번만이라도 볼 수 있다면……

-「사랑하는 사람이여」(전문)

사랑의 완성은 그리움에서 시작하여 아련한 추억으로 바뀐다. '사람이 인생에서 놓쳐서 아쉬운 것은 오직 사랑뿐이다' (모니카 마론의 슬픈 짐승에서)라는 말은 인간의 감성 중에서 가장 뜨겁고 행복감을 주는 것이 사랑이라는 의미일 것이다.

시인은 떠나간 사랑에 대하여 아쉬움이 크다. "사랑도 성큼성큼 왔다/ 번개처럼 사라집니다" (「성큼성큼」) "더 울먹이기 전에 나는 떠나네/ 뜨겁게 살았으면 만족해야지/ 내 사랑은 어느 방향으로 갔을까?" / (「가을을 떠나네」) 글 한 장 남기지 않고 떠난 그 사람을 그리워하며 아쉬워한다.

사랑은 영원한 것처럼 시작되었다가, 늘 쉽게 끝이 난다. 그에 대한 슬픔과 후회에 대하여 시인은 솔직하게 자신의 마음을 토로한다. 그런 시편들은 시집 곳곳에 산재해 있다. 그 시편들을 곰곰이 살펴 읽어야 시인이 살아온 삶의 과정을 자세히 들여다볼 수 있을 것이다.

4. 꽃으로 살아온 향기를 찾아서

여인은 자주 꽃의 이미지로 이어지고 꽃은 피었다가 지는 사랑의 환상을 가진다. 시인이 가지고 있는 꽃의 의미를 찾아가며 한 사람의 삶의 향기와 그 뒤안길을 들여다보는 것은 중요하다. 특히 김종석 시인의 이번 시집에 꽃이 많이 등장하는 것은 그가 가진 내적인 성향이 순하고 아름답다는 것이다. 아니 다른 말로 하면 그간의 아픔과 슬픔을 이제는 꽃으로 승화하여 좀더 향기로운 삶을 가지고 싶은 의도도 있다고 본다. 그런 의미에서 이 시를 읽어보자.

꽃 향기가 좋아 꽃 피었거늘
향기 내뿜지 못한다 하여 아름다운 꽃을
누가 꽃 아니라 말하겠어요

사람 마음 꽃보다 아름다울 수 있고
아쉬움 많은 꽃도 있지요
옆에 커다랗고 향기 짙은 꽃이
아름답게 피어 있을 때
꽃이기에 꽃 피었거늘 무엇이 아쉽겠어요
누군가 바라보지 않아도 꽃 피우면 될 것을
내 마음이 꽃 같은 마음이면 꽃이라 해도

상관없겠지요 열매 맺지 못하는 꽃도 있지만
꽃 피우고 열매까지 맺을 수 있다면
그보다 아름다운 것이 어디에 있을까요

-「꽃이어서 꽃 피었거늘」 전문

꽃은 사람의 한생의 모습으로 혹은 사랑의 절정으로 피었다가 진다. 사람이 태어나 아픔이 있다 하여 삶이 아니라 할 수 없듯이 "향기 내뿜지 못한다 하여 아름다운 꽃을/ 누가 꽃 아니라 말"할 수 없다. 다양한 꽃의 모습처럼 생의 모습도 다양하다. 우리는 그것을 인정하고 따스하게 받아들여야 한다. 그리하여 시인은 "상관없겠지요 열매 맺지 못하는 꽃도 있지만/ 꽃 피우고 열매까지 맺을 수 있다면/ 그보다 아름다운 것이 어디에 있을까요" 라고 말한다. 열매란 사랑의 결실이기도 하고 가치 있는 삶의 결과라 할 수 있으나 그 열매가 없어도 우리가 살아온 과정은 아름다운 것이라고 삶을 깊이 있게 들여다보고 있는 시인의 눈길을 알 수 있다.

기대했던 모습 아니어도
그래도 살고 싶다
내 가슴은 오래전 무너져 내렸으므로
무너진 그대로 살아야지
그 모습 그대로
내가 실망하여도 실망하면서 살고 싶다
내가 꽃으로 태어났던 그곳에 눕고 싶다
앵두 꽃 향기 맡으며 살아야지
철쭉이 아직 남아 있는지 모르지만
더 많은 꽃 심어서

아름답게 가꾸며 살고 싶다.

-「나는 꽃과 함께 태어났지」 부분

꽃과 함께 태어났지만 꽃으로 살지 못한 삶을 이야기하고 있는 시인은 어쩌면 삶의 일부분을 초월하여 견디고 있는지도 모른다. 그리하여 "내 가슴은 오래전 무너져 내렸으므로/ 무너진 그대로 살아야" 한다고 스스로에게 말한다. 더 나아가 "그 모습 그대로/ 내가 실망하여도 실망하면서 살고 싶다/ 내가 꽃으로 태어났던 그곳에 눕고 싶다"고 담담하게 고백한다. 어쩌면 고통과 슬픔을 이겨낸 시인이 앞으로 살아가야 할 세상의 모습을 그리고 있는지도 모른다.

시인은 「꽃의 형상」이라는 시에서 "마음끼리 부딪치게/ 몸에 있는 꽃처럼// 붉은 피들이 죽던/ 마르던 똑 같"다고 말하다. 이는 그런 삶의 지난한 과정을 경험한 체험자의 마음에서 흘러나온 전언이다. 그리고 나서 자신의 감정이 생생하게 살아 있듯 "우린 사랑의 감정이/ 영원할 줄 알았지요// 꽃이 시들고 말라도/ 꽃일 줄 알았지요// 사랑처럼/ 형상만 걸"려 있다고 담담하게 이야기를 한다.

결국 한 사람의 삶의 마무리는 현재이며 미래이지만 그 현재에 이르는 수많은 과정들은 시가 되고 시인 자신을 올올이 보여주고 있다. 이것이 어쩌면 김종석 시인이 시를 쓰는 이유인지도 모른다.

5. 나가면서

김종석 시인의 이번 시집은 시인 자신의 자서전의 성격을 가졌다. 부끄러워 드러낼 수 없는 생생한 날 것들을 독자에게 보여줌으로써 시인 자신의 내면 치유를 도모하였고 이 시를 읽는 독자들과 감정의 공감대를 가졌다는 점에서 의미가 크다.

사랑과 이별의 과정에서 가질 수 있는 슬픔, 고통, 죽음, 이별, 후회, 반성의 시편들과 함께 진정한 자아를 찾아가는 과정을 적어놓은 시편들에 이르기까지 수많은 감성의 전달을 통하여 삶의 서사를 그렸다는 점에 큰 의의가 있다고 본다.

특히 반성은 시를 쓰면서 얻을 수 있는 치유다. 시를 쓴다는 것은 자신의 삶을 더 생생하게 그리고 깊게 사는 것과 연관되어 있다. 나를 들여다보고 나를 내려놓은 일을 통하여 민낯의 나를 만나고 내가 살아가야 할 길을 바르게 볼 수 있다. 그런 의미에서 김종석 시인의 시 두 편을 소개하며 시인이 가지고 있는 삶의 가치관을 들여다 볼 수 있는 계기를 가졌으면 한다. 이 시를 읽는 독자도 자신의 삶과 연계하여 충분히 공감할 수 있는 작품이다.

> 나 구겨지고 많은 때 묻었다
> 지워버리고 싶은 순간은
> 죽음이 가려줘도

모습 화려하게 남는다
한때 기억상실 환자였을 때처럼
되돌아가고 싶은 마음
누군가 거칠게 지나쳐도
항변하지 않는다

변명은 낡은 나의 기억에 남고
진실한 말도 그들에겐 비웃음뿐
질시는 내 혼 속에 스며들고
세상은 순수함을 잃었다
영원히 변치 않는 꽃 향기
이렇게나마 하는 한 마디
이것이 나의 자화상인데.

-「자화상」 전문